Gardasee

Pia de Simony

Reisen mit Erlebnis-Garantie

 MERIAN-TopTen
Was Sie unbedingt sehen sollten

 **MERIAN-Tipps**
Persönliche Empfehlungen
unserer Autoren

 MERIAN-Bewertung
Übernachten, Einkaufen,
Essen und Trinken mit Flair

 Für Familien
Für Eltern mit Kindern
besonders geeignet

 Tourenplaner
Damit Sie leichter ans Ziel kommen

Der Bootshafen von Limone: traumhafte Lage und tolle Ausblicke auf die Nordküste.

Die Autorin:

Pia de Simony,
Jahrgang 1952, ist in ihrer Mutterstadt Florenz mehrsprachig aufgewachsen, studierte an der Universität München mit Abschluss als Diplom-Journalistin. Heute arbeitet sie als freischaffende Autorin von Reisebüchern und Fernsehreportagen mit Schwerpunkt Italien.

Sein mildes Klima, die landschaftlichen Kontraste zwischen Voralpen und Po-Ebene sowie das Licht des Südens machen den Reiz des Gardasees aus.

Faszination Sirmione: Der hübsche Ort auf einer schmalen Landzunge am Südufer des Sees lockt Touristen in Scharen an.

Nach einer beschwerlichen Fahrt über die Alpen war der Gardasee Goethes erste Etappe auf italienischem Boden. Und nun fing das Abenteuer erst richtig an: Mit dem Boot auf dem See unterwegs – noch bis 1929 gab es hier keine Uferstraßen –, warf ihn der heftige Wind **Ora** in den Hafen von Malcésine. Als er dort in völlig harmloser Absicht das militärisch genutzte Kastell zeichnete, wurde er als Spion verdächtigt und von den Venezianern verhaftet.

Solche Aufregungen bietet der See inzwischen nicht mehr, aber »herrlich belohnt« wird ein Aufenthalt auch heute noch. Viele, vielleicht zu viele, machen sich auf den Weg – im Sommer tummeln sich tausende in den engen Gassen der kleinen Ortschaften. »Il Garda« scheint dann fest in deutscher Hand zu sein, und im August, wenn im Land die meisten Betriebe schließen, rücken die Italiener an. Und der Wind, Schrecken der Reisenden in alten Zeiten, hat den Gardasee heute zum beliebtesten Surfrevier Mitteleuropas gemacht.

An diesem größten italienischen Binnengewässer (370 Quadratkilometer, 51,6 Kilometer lang, 2,4 bis 17,5 Kilometer breit und bis zu 346 Meter tief) hat der Fremdenverkehr eine lange Tradition. Schon im 19. Jahrhundert schätzten Mailands vornehme Familien das milde Klima von Gardone und die Heilquellen von Sirmione; Österreichern bot Riva eine willkommene Abwechslung von Bad Ischl oder den Kurorten in Böhmen.

Normale Sterbliche befanden sich hier stets in illustrer Gesellschaft – am Gardasee traf sich, was in der Welt der Kunst Rang und Namen hatte. Ibsen fühlte

Prominenz aus Kultur und Politik

sich in Limone wohl, in Riva erholten sich Kafka und die mit ihm befreundeten Brüder Brod aus Prag. Nietzsche wäre bis zu seinem Lebensende gern dort geblieben. Auch Thomas Mann hielt sich zwischen 1901 und 1904 mehrere Male in Riva auf.

In der malerischen Locanda San Vigilio bei Garda war nicht nur das Künstlerehepaar Vivian Leigh und Laurence Olivier zu Gast, sondern auch politische Prominenz wie Winston Churchill und Prinz Charles oder neuerdings König Juan Carlos von Spanien.

Wer wie sie die stille Idylle sucht, wird auch heute noch Orte entdecken können, die ihren ursprünglichen Charakter bewahrt haben. Ob direkt am See oder im Gebirge, in den Wäldern, auf den blumenreichen Wiesen und schroffen Felsplateaus oder in den malerischen Dörfern.

Der Massentourismus, der hier vor vier Jahrzehnten Einzug hielt, hat diesem Urlaubsgebiet erstaunlich wenig anhaben können,

Hotelangebot für jeden Geschmack

trug aber in erheblichem Maße zur wirtschaftlichen und sozialen, folglich auch zur kulturellen Entwicklung der Gemeinden am Seeufer und im Hinterland bei. Schwindel erregend stieg die Zahl der Hotels und der verfügbaren Betten um den ganzen Gardasee herum seit 1959 an (damals 380 bzw. 13 000) und übertraf bei weitem die durchschnittlichen Zuwachsraten in Italien. 1999 gab es bereits 980 Hotels mit über 50 000 Betten, davon 5 Fünf-Sterne-, 89 Vier-Sterne-, 328 Drei-Sterne-, 313 Zwei-Sterne-Hotels und 245 mit einem Stern. Die Auswahlmöglichkeit ist also groß, besonders, wenn man noch die 127 Campinggelände – mit rund 23 500 Abstellplätzen – hinzurechnet.

Im Jahr 1999 wurden genau 15 772 981 Übernachtungen amtlich registriert, 5,6 Prozent mehr

Fest in deutscher Hand

als 1998. Damals waren davon rund 11,5 Millionen ausländische und 4,3 Millionen italienische Tagesbuchungen. Unter den ausländischen Gästen gab es 57,3 Prozent Deutsche, 9,3 Prozent Engländer, 10,1 Prozent Holländer, 6,5 Prozent Skandinavier, 5,5 Prozent Österreicher und 2,4 Prozent Schweizer. 1999 erhöhte sich der Anteil der Deutschen sogar um 8,2 Prozent im Vergleich zum Vorjahr.

Alte und junge Stammgäste haben es erkannt: Am Gardasee kommt jeder auf seine Kosten. Surfer, Segler, Wasserratten, Wanderer, Kletterer, Pflanzenliebhaber, Kur- und Erholungsbedürftige, Kunstinteressierte und Sonnenhungrige. Das Traumziel italienbegeisterter Deutscher hat nichts von seinem Charme eingebüßt; von einem »Teutonengrill« kann wahrhaftig nicht die Rede sein, denn am Gardasee muss man nicht von morgens bis abends am Strand dösen. Die abwechslungsreiche Landschaft, in die der See eingebettet ist, bietet genügend Alternativen.

Wen reizt es nicht, bei klarer Sicht mit der Seilbahn auf den Gipfel des **Monte Baldo** – den viel besungenen »Hausberg« der Gardesaner – zu schweben und den See aus der Vogelperspektive zu genießen? Oder nach Osten auf die **Lessinischen Berge** hinüberzuschauen? Abenteuerlustigen bietet eine mehrstündige Gratwanderung auf der Baldo-Bergkette genau die richtige Herausforderung.

Das harmonisch sich ergänzende Miteinander von alpiner und mediterraner Landschaft, von Gebirge und Wasser, macht den besonderen Reiz dieser Gegend aus. Sie bilden ein faszinierendes Kontinuum von Farben, Licht und Düften. Silberhell schimmern in der Abendsonne die im Wind sich wiegenden Blätter der Ölbäume an den terrassenartigen Hängen des Baldo in der Nähe des Sees, nicht zufällig »Riviera degli Olivi« genannt.

Fast schlagartig verändert sich die Naturkulisse im brisenreichen Norden. Ein fjordähnlicher, zerklüfteter Küstenabschnitt mit gewaltigen, von Gletschern glatt geschliffenen Felsenriffen bestimmt dieses Landschaftsbild. Ein ähnliches Wunder – aber von Menschenhand Anfang der dreißiger Jahre geschaffen – ist die tunnelreiche westliche **Seeuferstraße**, die sich zwischen **Limone** und **Gargnano** durch hohe, senkrecht in den See fallende Felsmassive windet.

Weiter südlich, in den noblen Erholungsoasen von **Fasano** und **Gardone**, glaubt man sich in ein subtropisches Pflanzenparadies versetzt. Hier weht noch ein Hauch der Belle Époque, jener Zeit, in der die Damen der »besseren Gesellschaft« in den noblen Hotelvillen standesgemäß überwinterten – Ferienorte für nostalgische Gemüter, für jene, die sich eher in der Vergangenheit als in der Gegenwart beheimatet fühlen. Das sanft-hügelige Valténesi-Weingebiet, zwischen **Salò** und **Desenzano**, ist fest in den Händen der jungen Camping-Generation, die ihre Zelte in den Olivenhainen aufschlägt. Lieblich ist die flache Landschaft am südlichen Bogen des Gardasees bis nach **Bardolino**. Eine Gegend, in der sich bereits die alten Römer ihre Badevillen bauen ließen. Im Mittelalter konkurrierten bedeutende Herrscherfamilien, unter ihnen die Veroneser della Scala, miteinander um dieses Gebiet. Die nicht zu übersehenden, zahlreich erhaltenen Scaliger-Wehrburgen am See zeugen von Prunk und Pracht dieser Zeit.

Wer sich aber für Altertümer interessiert, die in die Vorgeschichte zurückführen, wird am Gardasee bald feststellen, dass diese von der Natur reich mit Gaben bedachte Gegend nicht erst auf die betuchten Herrschaften des Römischen Reiches warten musste, um »en vogue« zu sein. Menschen aus der vorgeschichtlichen Zeit hinterließen hier ausgiebig die Spuren ihrer Kultur. Das

Vorfahren in der Bronzezeit

landschaftliche Miteinander von See und Gebirge muss ihnen wohl sehr günstige Lebensbedingungen gesichert haben. 3500 bis 4000 Jahre alt mögen die Pfahlbau-Siedlungsreste sein, die man am **Ledro-See** bei Molina di Ledro (knapp 20 Kilometer südwestlich von Riva) entdeckt hat. Dort, im gleichnamigen malerischen Hochtal, kann man auch ein kleines, aber wohlgeordnetes Museum besichtigen. Die Funde aus der Bronzezeit, zu denen – außer den vielen Pfählen – Holzpflug, Sicheln, Einbaum, Keramik- und Bronzegefäße, Waffen, Schmuck sowie die verschiedensten Gerätschaften gehören, geben dem Besucher einen lebensnahen Eindruck von den Tätigkeiten der damaligen Vorfahren. Fast jährlich werden neue Funde aus der Zeit des Pfahlbaumenschen im südöstlichen Gardasee-Ufergebiet gemeldet.

Die Gletscher der Eiszeit hatten jene Felsplatten glatt geschliffen, in deren Fläche wohl ein Hirtenvolk vor vielen tausend Jahren seine religiösen Symbole und seine manchmal an Bilder von Klee oder Miró erinnernden Menschen- und Tierdarstellungen einritzte.

*Oben: Die typische Gardasee-Forelle
»carpione« ist bei Fischern und Fein-
schmeckern besonders begehrt.*

*Mitte: Von herber Schönheit ist
die Landschaft im Norden des
Gardasees.*

*Unten: Das prachtvolle Portal des
Doms Santa Maria Annunziata
in Salò lohnt einen genaueren Blick,
ehe man das reich verzierte Innere in
Augenschein nimmt (→ S. 63).*

Die meisten sind in der Umgebung von Torri gefunden worden, und wenn man nicht die Originale aufsuchen möchte, kann man sie anhand von Nachbildungen im Burgmuseum des Ortes bequem besichtigen. Im Original sollten Sie aber die Sehenswürdigkeiten er-

Uralte Kunst in Felsen geritzt

leben, die das Gardasee-Gebiet auch für Kunstliebhaber bietet.

Erst in den Jahren nach dem Zweiten Weltkrieg haben die Veroneser »ihren« Gardasee richtig wieder entdeckt. Gemeinsam mit den Mailändern sind sie treue Wochenendausflügler. Ihre Villen und die vieler ausländischer Gardasee-Liebhaber fügen sich unauffällig in die Landschaft ein. Daran hat nicht einmal die Bodenspeku-

lation etwas ändern können, denn die strengen Regeln der Bebauungsplanung setzen einem Ausufern der Bautätigkeit enge Grenzen. Die Harmonie der Landschaft spiegelt sich im Charakter der Menschen wider: Sie sind unbeschwert und einfühlsam und haben das Herz auf dem richtigen Fleck, auch wenn sie zuweilen wortkarg sind. In ihrer Art stehen sie den Süddeutschen fast näher als den italienischen Landsleuten. Die Gardesaner haben längst einen gehobeneren Lebensstandard, den sie auch dem Touristenboom der letzten Jahrzehnte verdanken.

Aber in der Hochsaison staunen – und stöhnen auch manchmal – die kaum über 500 000 Einheimischen. Ob am Strand, auf den Bergen oder in der Disko: Die Deutschen sind überall; vor allem aber in Limone, dem Lieblingstreff der Gruppenreisenden. Urlauber-Hochkonjunktur herrscht auch im malerischen Sirmione, das Pärchen und Thermalkurende gern in Beschlag nehmen. Was den Urlauber »betört«, liegt auch in der Luft: die süßlich-würzigen Düfte der Pflanzen und das mediterrane Flair. Vielleicht lassen Sie sich vom »Dolcefarniente« anstecken und verbringen halbe Tage im Straßencafé; vielleicht nutzen Sie auch die Nähe zu Verona, Vicenza, Venedig, Padua, Mantua, Bergamo und Brescia für eine Besichtigung der oberitalienischen Kunstschätze.

Aus dem Jahre 1888 stammt das imposante Grand Hotel in Gardone Riviera (→ S. 67).

Vom Campingplatz im Olivenhain
bis zum Luxushotel mit Garten – groß ist die Auswahl, reich das Angebot, und die Geldbörse wird
dabei nicht überfordert.

Die Pracht vergangener Zeiten kann man im Grandhotel Laurin in Salò (→ S. 62) genießen.

Der Tourismus hat am Gardasee Tradition, und die meisten Hoteliers haben sich auf die Bedürfnisse der ausländischen Gäste eingestellt. Das merkt man etwa an der Vielzahl der Herbergen, die oft mit erstaunlich großen und schönen Swimmingpool-Anlagen ausgestattet sind.

Das Frühstück trägt nordeuropäischen Essensgewohnheiten Rechnung: Das traditionelle Brötchen mit Butter und Marmelade wird zumindest um ein Mini-Büffet mit Käse- und Wurstaufschnitt bereichert. Die meisten Hotels haben von Ende Oktober bis Ostern geschlossen, ebenfalls die fast 3000 Ferienwohnungen und möblierten Einzelzimmer am See. Es empfiehlt sich deshalb, mindestens drei Monate vor dem geplanten Urlaub zu buchen. Zunehmend gefragt sind **Apartmenthäuser:** Hier wird täglich das Zimmer gesäubert und die Wäsche gewechselt. Ansehnlich ist auch das **Campingangebot** mit circa 127 Plätzen. Die meisten Zelte und Bungalows liegen zwischen Garda und Peschiera am Ostufer sowie zwischen San Felice del Benaco und Desenzano an der westlichen Riviera. Bei Lazise befindet sich der luxuriöseste Campingplatz: »La Quercia«, wie auch der größte: »Piani di Clodia«. Nagelneu ist der »Campeggio degli Olivi« in Pacengo. Die einzige **Jugendherberge** (»ostello della gioventù«) am Gardasee ist in Riva.

Hotels sind bei den einzelnen Orten im Kapitel »Sehenswerte Orte« beschrieben.

Preisklassen

Die Preise gelten für eine Übernachtung im Doppelzimmer für zwei Personen ohne Frühstück.

★★★★ ab 100 €
★★★ ab 70 €
★★ ab 40 €
★ ab 25 €

Kreditkarten werden in den meisten Hotels akzeptiert, hauptsächlich EC und Visa.

Alle Unterkünfte in diesem Band auf einen Blick

Schlemmen um den Gardasee!

Drei Regionen Norditaliens warten mit ihren ureigensten Spezialiäten auf und kredenzen den passenden Wein dazu.

Im Sommer herrscht auf den Piazze rund um den See bis spät in die Nacht Hochbetrieb.

Wo hat man schon die Gelegenheit, sich kaum vom Fleck, besser gesagt vom Tisch, zu rühren, doch – je nach Gusto – alles auf der Zunge zergehen zu lassen, was Trentino, Veneto und Lombardei zu bieten haben? Canederli, Carpione, Chiaretto: nur drei gastronomische Schlagwörter, um den Leser anzuregen, unseren Ratschlägen für Küche und Keller zu folgen. Der Mund wird ihm dabei schon wässrig werden ...

»Frühstücke wie ein König« – wer nach diesem Motto lebt, wird in Italien nicht recht auf seine Kosten kommen. Einheimische beginnen den Tag nämlich meist nur mit einem **espresso** oder einem **cappuccino** und einer **brioche** (Teighörnchen), und auch das überwiegend im Stehen, an der Theke. Mittags darf es dann schon mehr sein. Wenn Sie erst abends richtig essen mögen, empfiehlt sich für den Hunger zwischendurch eine Pizzeria oder eine Snackbar. Die preiswerteren Restaurants bieten manchmal ein **menù turistico** an, eine vom Wirt zusammengestellte Speisenfolge zu vergleichsweise niedrigen Fixpreisen; allzu große Ansprüche darf man allerdings nicht stellen. In Restaurants, die sich nicht weitgehend auf die Essensgewohnheiten ausländischer Touristen eingestellt haben, wird man es Ihnen übelnehmen, wenn Sie nur einen Teller Spaghetti bestellen. Hier erwartet man, dass der Gast die vollständige Menüfolge wählt, wie das in Italien

Südländische Essgewohnheiten

üblich ist: Vorspeise, Hauptgericht und Dessert. In den meisten Trattorien und Osterien ist das inzwischen nicht viel anders – die Unterschiede zwischen den einfachen Gasthäusern von einst und den Restaurants haben sich heute weitgehend verwischt.

Ein feines Mittag- bzw. Abendessen besteht aus mindestens drei Gängen. Man beginnt mit einer leichten Vorspeise – zum Beispiel **prosciutto e melone** (Schinken und Melone) – oder geht gleich zum **primo** über, dem ersten Gang: Meist ist das ein Pasta- oder Risotto-Gericht. Das **secondo** (wörtlich: der »zweite« Gang) ist der eigentliche Hauptgang und besteht aus Fisch oder Fleisch. **Contorni** (Gemüsebeilagen) werden in der Regel extra bestellt. Den Abschluss bilden wahlweise oberitalienische Käsesorten, **dolci** (Süßspeisen) mit oder ohne Dolce oder Eis. Danach trinken die Italiener noch ihren unerlässlichen schwarzen Espresso (nie einen **cappuccino**, wie es Ausländer häufig tun) und oft einen **amaro, grappa** oder einen herb-süßen Obstlikör dazu, wie den **liquore di cedro** aus der Zedernfrucht.

Zu jeder Mahlzeit werden Weißbrot oder knusprige **grissini**-Stäbchen gereicht; Stofftischtücher und Stoffservietten sind eine Selbstverständlichkeit. Dafür wird das **coperto**, ein Gedeck, in Rechnung gestellt. Der Preis für ein solches Gedeck kann, je nach Restaurant-Kategorie, zwischen einem und fünf € pro Person schwanken. Für **servizio** (Bedienung) werden 10 bis 15 Prozent des Gesamtbetrages berechnet, doch sind diese Beträge auf der Menükarte häufig schon im Preis inbegriffen. Daher muss man nicht unbedingt ein Trinkgeld geben. Ist man in einem Restaurant (**trattoria, osteria** usw.) mit Bedienung und Speisen zufrieden, hinterlässt man aber auf dem Tisch zusätzlich ein **Trinkgeld**. Wie hoch es ausfallen sollte, ist stets auch Gefühlssache. Als Faustregel gilt: von 0,50 € bis zu zehn Prozent der Rechnungssumme. Übrigens wartet man, bis die Bedienung das Wechselgeld gebracht hat, und lässt dann das Trinkgeld einfach auf dem Tisch liegen. Nur wer mit Kreditkarte bezahlt, sollte gleich die Endsumme angeben.

Wenn Mailänder oder Bresciani am Gardasee essen gehen, machen sie es »alla grande«, auf die großzügige Art. Sie frequentieren gern die gediegenen Insiderlokale in Desenzano, Gardone oder Gargnano am Westufer. Auf die Preise achten sie nicht, wohl aber auf die Qualität der Speisen. Wenn die sie zufrieden stellt, sind sie die glücklichsten Menschen auf der Welt und jederzeit bereit, für solche Gaumenfreuden noch tiefer in die Tasche zu greifen. An der östlichen Riviera sind First-Class-Restaurants seltener. Dafür ist dieses Seeufer umso reichlicher mit schlichteren Trattorien und preiswerten Pizzerias versehen, was dem schmaleren Geldbeutel zugute kommt.

Die meisten Gaststätten haben im Sommer keinen Ruhetag. Dagegen sind viele in den Wintermonaten durchgehend geschlossen. Es empfiehlt sich, immer vorher anzurufen, um sich zu vergewissern, ob ein Restaurant geöffnet hat, da die Ruhetage sich von Jahr zu Jahr ändern können. Den Deutschen zuliebe wird am

Wichtig zu wissen: die Öffnungszeiten

Gardasee bereits ab 12 Uhr serviert. Warme Küche gibt es bis 14 Uhr. Abends stehen die Kellner schon ab 19 Uhr bereit. Gegen 22 Uhr haben die Köche Feierabend, die Gäste können aber mindestens bis Mitternacht sitzen bleiben.

Wen der Heißhunger zwischen 15 und 18 Uhr überfällt, der muss sich mit einem **panino** (belegten Brötchen), einem Eis in der **bar** (Stehcafé) oder einer preiswerten **pizza al taglio** (Pizza zum Mitnehmen) von einer Pizzeria oder einem Stand auf dem

Markt begnügen, denn zu dieser Zeit haben die Restaurants geschlossen.

Am Gardasee bieten alle drei umliegende Regionen – Trentino, Veneto und Lombardei – ihre Spezialitäten an.

Im gebirgigen **Trentino** erinnern die schmackhaften, schlichten Speisen an die deutsche Hausmannskost. Neben dem unübertroffenen **speck**

Regionale Spezialitäten

(mit Kräutern gewürzter und geräucherter Schweineschinken) genießt man die **canederli**, die einheimischen Knödel, außerhalb Südtirols in Italien kaum bekannt. Meist werden sie wie Nudeln mit zerlassener Butter und Parmesan gegessen. Bei kühleren Temperaturen ist **carne salata e fagioli** (gepökeltes Rindfleisch mit Bohnen) das Leibgericht der Bergbewohner hinter Riva und Torbole. **Pancetta con polenta** (Bauchspeck

MERIAN-Tipp

La Tortuga Selbst aus Australien bestellen Feinschmecker rechtzeitig im Voraus ihren Tisch bei Signor Danilo, um sich von ihm in seinem kleinen Gourmettempel in Gargnano verwöhnen zu lassen. Die frische Terrine von Gardasee-Fischen zergeht auf der Zunge. Beide Töchter servieren die Götterspeisen persönlich. Ein Toplokal zum Schlemmen, Schwelgen, Schwärmen, den höchsten Ansprüchen entsprechend. Via XXIV Maggio 5, Gargnano; Tel. 03 65/ 7 12 51, Fax 0 36 65/ 7 19 38; Mo abends und Di geschl. ★★★★
■ C 6, S. 118

mit Polenta aus Maismehl) wird auch im etwas südlicheren Teil der Berggegend nicht verschmäht.

Am Veroneser Ostufer wird **risotto** mit Vorliebe als Alternative zu Pasta nach der Vorspeise aufgetischt. Je nach Zutat und Region gibt es viele Varianten. Ein wenig Geduld muss man allerdings mitbringen, denn Risotto als Fertiggericht taugt nichts, und die Zubereitung des frisch gekochten Reisgerichtes dauert mindestens 20 Minuten. Die kleinste Portion ist in der Regel für zwei Personen bemessen. Eine Kostprobe ist der **risotto alla tinca** (mit Schlei), **ai frutti di mare** (mit Meeresfrüchten) oder **alla seppia**, vom Tintenfisch ganz schwarz gefärbt, schon wert. Im Süden, bei Sirmione in Richtung Mantua, sollte man sich die **tortellini di zucca** (mit Kürbismousse gefüllte Teigtaschen) nicht entgehen lassen. Besonders lohnt sich ein kulinarischer Abstecher nach Valeggio sul Mincio, einem Dorf für Gourmets, mit mehreren vorzüglichen Feinschmeckerlokalen.

An der westlichen Riviera wartet die lombardische Küche mit einer exzellenten, in Wein geschmorten **ossobuco** (Kalbshaxe auf einem Gemüsebett und mit viel Petersilie garniert) auf oder mit einer hauchdünnen **cotoletta alla milanese** (zarte Wiener-Schnitzel-Art). Doch was wäre die Gardasee-Küche ohne **carpione**, die besondere, köstliche Gardasee-Forelle (im Volksmund auch **trota in carpione** genannt), das Lieblingsgericht aller Gardasaner von Riva bis Sirmione. Egal, wo man gerade Station macht, sie fehlt auf keiner guten Speisekarte. Sie wird überall ähnlich zubereitet, meist gegrillt oder mariniert. Als **antipasto** (Vorspeise) und Appetitanreger empfehlen sich zu einem Glas Weißwein die würzigen frittierten **alborelle** (im Dialekt auch **agole** oder **aole** genannt), kleine Sardinen, die täglich frisch aus dem See gefischt werden.

Die Liste der Spezialitäten ist lang. Kein Wunder, dass es die Gastwirte enttäuscht, wenn ausländische Gäste nur die allseits bekannten Gerichte bestellen und nichts von den Köstlichkeiten aus der Küche des Hauses ahnen, die nur darauf warten, »entdeckt« zu werden. Seien Sie also in den gehobeneren Restaurants ruhig experimentierfreudig, und vertrauen Sie den Empfehlungen des Obers. Die meisten Kellner sprechen relativ gut Deutsch und schätzen den Umgang mit deutschsprachigen Urlaubern, vorausgesetzt, sie zeigen ein differenziertes kulinarisches Interesse.

Wenn Sie sich beim Abschied, nach einem gut gelungenen Essen, mit Handschlag und einigen anerkennenden Worten für den kulinarischen Genuss beim Chef bedanken, wird Sie der Wirt für alle Zeiten ins Herz schließen.

Schon die Scaliger hatten ihren Lieblingstropfen und tauften ihn auf den lieblichen Ortsnamen **Soave** (»sanft«). Dieser Weißwein ist trocken bis leicht fruchtig und gedeiht auch heute noch auf den Hügeln östlich von Verona. Inzwischen

Weine vom Gardasee

gehört er zu den DOC-Weinen der Gegend (**DOC = Denominazione di Origine Controllata**). Es handelt sich dabei um Qualitätsweine aus einem bestimmten Anbaugebiet. Sie werden aus unterschiedlichen Rebsorten und nach festgelegten Kellereimethoden gekeltert und haben einen vorgeschriebenen Alkoholgehalt. Weine mit dieser Bezeichnung werden staatlich kontrolliert.

Die meisten Weine der Gardasee-Region sind leicht und süffig. Am besten werden sie jung getrunken; die Weißweine schmecken eiskalt serviert am besten. Nachfolgend eine Kostpro-

»Anguria«, auf Deutsch Wassermelone: eine wunderbare Erfrischung an heißen Sommertagen.

be der bekanntesten Weine der Gegend:

Bardolino (DOC) Ein trockener, rubinroter Wein, ausgezeichnet geeignet zu Fleisch (vor allem Geflügel).

Chiaretto Der Roséwein wird im Valténesi-Weingebiet, südwestlich des Sees, angebaut. Zart und süffig. Passt zu allen Fleischgerichten.

Custoza Auf der blutgetränkten Erde des Schlachtfeldes von Custoza, südlich des Gardasees, wächst die Weinrebe, deren Produkt dieser auch als **piccolo bianco** (ein Gläschen Weißwein an der Theke vor dem Mittagessen) beliebte, leichte und trockene, dem Soave ähnliche, appetitanregende Tropfen ist.

Lugana (DOC) Der feinste Weißwein aus der Trebbiano-Traube ist in der südlichen Umgebung von Sirmione beheimatet. Ideal zum Fisch, insbesondere zur gegrillten Gardasee-Forelle.

Tocai del Garda Ein lieblicher Weißwein, aus der Tokaier-Rebe, eignet sich ebenso hervorragend zu Fischgerichten.

Valpolicella (DOC) wächst im gleichnamigen Tal, ebenfalls trocken, mit leichtem Mandelgeschmack. Dieser Rotwein passt zu allen Gerichten. Valpolicella gibt es von der preiswerten Tafelweinsorte bis zum alleredelsten Tropfen schweren, dunklen Rotweins. Ein Glas **Recioto Valpolicella Amarone Classico Superiore** eines guten Jahrgangs gehört zu den höchsten Gaumengenüssen des Weinkenners. Deutschen Touristen sind als Markenweine besonders die Namen **Bolla** und **Bertani** bekannt. Die Weine des Bertani-Produzenten sind qualitativ jedoch weitaus besser als die von Bolla. Vertrauenswürdig und empfehlenswert sind stets auch die Weine der gewissenhaft geführten und kontrollierten Genossenschaften, auf dem Etikett erkennbar durch die Bezeichnung **Cantina Sociale**.

Wer sich für besonders empfehlenswerte Weinproduzenten am Gardasee näher interessiert, sollte in zuverlässigen Weinführern nachblättern.

Restaurants sind bei den einzelnen Orten im Kapitel »Sehenswerte Orte« beschrieben.

Preisklassen

Die Preise beziehen sich jeweils auf ein Menü ohne Getränke, Steuern und Trinkgeld.
★★★★ ab 45 €
★★★ ab 35 €
★★ ab 25 €
★ ab 20 €

Kreditkarten werden in den besseren Restaurants akzeptiert, hauptsächlich EC und Visa.

ESSDOLMETSCHER

Im Restaurant

Die Speisekarte bitte	La carta (il menu), per favore
Die Rechnung bitte	Il conto, per favore
Ich hätte gern einen Kaffee	Vorrei un caffè
Wo finde ich die Toiletten? (Damen/Herren)	Dove trovo il bagno? (Signore/Signori)
Kellner	cameriere
Frühstück	prima (piccola) colazione
Mittagessen	colazione (pranzo)
Abendessen	cena

A
acqua: Wasser
– *gassata:* mit Kohlensäure
aglio: Knoblauch
agnolotti: eine Art Ravioli
alborella: kleine Sardinen, die man am Gardasee meist frittiert
anguilla: Aal
arancia: Orange
arrosto: Braten, gebraten
arsella: Muschelart, ähnlich wie Venusmuschel
asparago: Spargel

B
bagna cauda: Ölsauce mit Knoblauch, Gewürzen, in die man Brot oder rohes Gemüse tunkt
bigoli: schwarze Spaghetti aus Vollkornmehl
birra: Bier
alla spina: Bier vom Fass
bistecca: Steak
– *alla pizzaiola:* in Tomaten-Basilikum-Knoblauchsauce
bollito: gekocht
alla brace: auf Holzglut gebraten
branzino: Seebarsch
brasato: Schmorbraten, geschmort
brodetto: Fischsuppe mit Zwiebeln und Tomaten
brodo: Bouillon
busecca: Kuttelsuppe

C
cacciucco: pikante Fischsuppe
caffè (espresso): Espresso
– *corretto:* Espresso mit einem Schuss Schnaps (Grappa)
– *macchiato:* mit einigen Tropfen warmer Milch
cannolo: Teigröllchen gefüllt mit Käse (süß), oft mit Nougat und kandierten Früchten
cape sante: Jakobsmuscheln
cape longhe: Muschelart
capretto: Zicklein
carciofi: Artischocken
alla casalinga: hausgemacht
carpione: Gardasee-Forelle
cece: Kichererbse
cefali: Meeräschen
ciambella: Gebäck
cinghiale: Wildschwein
cipolla: Zwiebel
coda di rospo: Seeteufel
codeghin: Schweinswurst
coniglio: Kaninchen
costata: Entrecôte
– *alla fiorentina:* gegrillt, mit Zitrone und Petersilie serviert
cozze alla marinara: Muscheln in Weißweinsud

D
datteri di mare: Muschelart
dentice: Zahnbrasse

F
fagiolata: Bohnengericht
favata: Kasserole mit Bohnen, Schinken, Wurst
fegato: Leber
– *alla veneziana:* mit Zwiebeln
fettuccine: flache Bandnudeln
finocchio: Fenchel
focaccia: Brot mit Olivenöl, oft belegt mit Zwiebeln oder Tomaten
frittata: Omelett
fritto: frittiert

G
gallina: Henne
gambero: Krebs

I
insalata: Salat
– *mista:* gemischter Salat
– *verde:* grüner Salat
involtini: Fleischrouladen

L
lamponi: Himbeeren
lasagne al forno: überbackenes
   Nudelgericht
latte: Milch
lattuga: Kopfsalat
lenticchie: Linsen
lepre: Hase
lesso: gekocht
limone: Zitrone
linguine: schmale Bandnudeln
liquore: Likör
litro: Liter
– *un mezzo litro:* halber Liter
– *un quarto litro:* Viertelliter
lobata: Lendenbraten
lumache: Schnecken

M
macedonia di frutta: Obstsalat
maiale: Schwein
manzo: Rindfleisch
alla marinara: Sauce aus Tomaten,
   Oliven, Knoblauch, Muscheln und
   Meerestieren
melanzana: Aubergine
merluzzo: Kabeljau
miele: Honig
mille foglie: Torte aus Blätterteig-
   schichten mit Cremefüllung
minestrone: dicke Gemüsesuppe

O
olio: Öl

P
alla paesana: mit Speck, Kartoffeln,
   Karotten und anderen Wurzel-
   gemüsen
pancetta: Bauchspeck
panettone: leichter Kuchen mit
   Rosinen und kandierten Früchten
pappardelle: lange, breite Nudeln
pasta e fagioli: Nudeln mit Bohnen-
   suppe

patate: Kartoffeln
pesce: Fisch
– *spada:* Schwertfisch
pesto: Basilikum-, Knoblauch-,
   Käsesauce mit Pinienkernen und
   Majoran (zu Nudeln)
pollo: Huhn
polpetta di carne: Fleischbällchen
polpo: Krake
pomodoro: Tomate
porcini: Steinpilze
profiterole: kleine gefüllte Wind-
   beutel
prosciutto: Schinken

R
ricotta: weicher Schafmilchkäse
risi e bisi: Reis und Erbsen, in Hüh-
   nerbouillon gekocht
risi co la luganega: Reis mit Wurst
risotto: gekochter Reis mit unterschiedlichen Zutaten

S
salsiccia: würzige Schweinswurst
saltimbocca: Kalbfleisch mit Schinken, Gewürzen und Weinsauce
sedano: Sellerie
seppie: Tintenfische
scaloppa: Schnitzel
sogliola: Seezunge
sopressa: dicke Bauernsalami
spezzatino: Gulasch
spigola: Seebarsch
spinaci: Spinat
stoccafino: Stockfisch
stracchino: cremiger, weicher Käse

T
tartufo: Trüffel
tonnato: in Tunfischsauce
tramezzino: weiches Sandwich
trota: Forelle

V
verdura: grünes Gemüse
vino: Wein
– *bianco:* Weißwein
– *rosso:* Rotwein
vitello: Kalbfleisch
vongole: Venusmuscheln

Am Gardasee wartet jeder Ort mit seinem poetischen Charme auf. An alte Zeiten erinnern die idyllischen Stadtkerne, oft im Schatten zinnengekrönter Burgen.

Ein beliebtes Ausflugsziel: Limone mit seinem Zitronen-anbau.

Dieser Ferienort wirkt selbst in der Hochsaison nie überlaufen – obwohl nicht nur die Hotels zu dieser Zeit ausgebucht sind, sondern auch die Campingplätze.

Bardolino

■ E 9, S. 121

6200 Einwohner
Stadtplan → S. 31

Bardolinos restaurierter Ortskern ist hübsch, aber nicht mit der verwinkelten Altstadt von Malcésine oder von Garda zu vergleichen. Dafür ist dieser Ort, einer der größeren an der Veroneser Küste, mit seinem lang gezogenen Seeufer und den breiter angelegten, flachen Gassen sehr übersichtlich.

Ideal ist die zentrale Lage unweit von **Gardaland**, dem italienischen Disneyland, vom Autosafaripark und dem großen Wassersportzentrum **Càneva** bei Lazise. In den umliegenden Hügeln sorgen ein Reitclub und ein neuer Golfclub für Naturgenüsse besonderer Art. Bardolino ist ein beliebtes Urlaubsziel der Deutschen geblieben, nicht zuletzt auch des süffigen Rotweines wegen, der in den umliegenden Hügeln gedeiht.

An der **Strada del Vino** (Weinstraße), die etwas nördlich von Bardolino beginnt und über Calmasino weiter bis hinunter nach Castelnuovo, östlich von Peschiera, verläuft, können Sie bei 43 Winzern und Produzenten Weine kosten und kaufen.

Hotels/andere Unterkünfte

Cristina   südöstlich ■ c 1
Die gleichnamige holländische Besitzerin pflegt seit 1964 das tipptopp geführte Hotel an der Gardesana. Tennisplatz; Swimmingpool.
Via dell'Alpino 2; Tel. 0 45/6 21 08 57, Fax 0 45/6 21 26 97; 90 Betten ★★★

Du Lac   südöstlich ■ c 1
Direkt am See mit strandartiger Liegewiese. Gegenüber vom Haupteingang: Hallenbad und Sauna. Gemütlich-moderne Zimmer.
Via S. Cristina; Tel. 0 45/6 21 03 55, Fax 0 45/6 21 04 20; 154 Betten ★★★

Nettuno   ■ a 2
Ruhig gelegenes Hotel direkt am See, modern-funktional, großer Swimmingpool, Garage, Restaurant.
Via D. Alighieri 26; Tel. 0 45/6 21 01 23, Fax 0 45/6 21 04 20; 127 Betten ★★★

Quattro Stagioni 👫   ■ b 2
Sehr gepflegter Familienbetrieb, zentral gelegen. Im ruhigen Garten lädt der neue Pool zum Schwimmen ein. Ältere Gäste werden sich hier wohl besonders heimisch fühlen.
Borgo Garibaldi 25; Tel. 0 45/7 21 00 36, Fax 0 45/7 21 10 17; 65 Betten ★★

San Pietro   östlich ■ c 2
Ein verstecktes Hotel ohne Blick auf den See, dafür mit Swimmingpool.
Via Madonnina 15; Tel. 0 45/7 21 05 88, Fax 0 45/7 21 00 23; 86 Betten ★★★

Spaziergang

Wir beginnen am kleinen Stadttor an der Piazza Verdi, wo die Fußgängerzone anfängt. Geradeaus weiter gelangen wir durch die Geschäftsgasse Via Verdi zum Hauptplatz Piazza Matteotti (eher eine lang gezogene Hauptstraße), der zum Bummeln einlädt. Zur Rechten thront auf hohen Stufen die moderne Pfarrkirche aus dem 19. Jh. Linker Hand, gleich unter dem Dach, an der Hausfassade Nr. 15 (heute eine Eisdiele), entdecken wir die »Verkündigung«, ein Fresko von Francesco Morone (15. Jh.). Weiter, in Richtung See, sehen wir zur Rechten hinter einem schwarzen Gitter ein weiteres Madonnen-Fresko. Vis-à-vis liegt der **Palazzo Campostrini** (Nr. 65).

Am Seeufer gehen wir rechts am Bootshafen unter Palmen entlang, bis wir am Ende (links von den Telefonzellen) auf eine massive Bank aus rosa Marmor stoßen. Hier boten die Fischer einst ihre frisch gefischten Fische den Frühaufstehern an. Weiter, am schiefen mittelalterlichen Turm vorbei, promenieren wir am Seeufer entlang. Zur Rechten liegt die schöne rosa **Villa delle Rose** (Riva Cornicello 1, Privatbesitz). Ein paar Schritte weiter: die schlichte, gelbe **Villa delle Magnolie** (Nr. 2) und die **Villa Carrara Bottagisio** (Nr. 3) mit großer Rasenfläche (jetzt Hotelfachschule). Nach dem Ufereck der Punta Cornicello erstreckt sich rechts die Seepromenade Lungolago Preite mit Blick auf den Rocca-Bergfelsen. Sie führt bis nach Garda (2 km). Wer nicht bis Garda laufen möchte, biegt vorne am Piazzale Gramsci (Richtung Innenstadt) rechts in die Via XX Settembre ab und erreicht, über die Piazzetta Mazzini und links weiter hinauf über die Via Mameli, schließlich die Borgo Garibaldi. Auf der halben Höhe dieser Gasse stoßen wir rechter Hand auf die **Keramikwerkstatt (Nr. 52)** des Künstlers Sergio Vellini (→ Il Coccio, S. 28). Geradeaus weiter steht links (Nr. 57) die entweihte Kirche **S. Maria della Disciplina** – heute eine Bäckerei – und gleich dahinter, an der **Piazzetta S. Severo**, die sehenswerte gleichnamige Kirche. Der Spaziergang dauert ca. 35 Minuten.

Sehenswertes

Santa Maria della Disciplina ■ b 2
Ehemalige Kirche aus dem 14. Jh. Heute wird hier nicht mehr gebetet, sondern gebacken: Frische Brötchen verkauft der Bäcker bis ca. 13 Uhr.
Borgo Garibaldi 57

Santi Nicolò e Severo ■ c 2
Pfarrkirche (19. Jh.) mit vier imposanten Säulen; im Inneren zwei Fresken (die Auferstehung Christi) moderner Künstler.
Piazza Matteotti; tgl. 8–12 und 16–20 Uhr

San Severo ■ b 1
Eine sehr schöne romanische Kirche (12. Jh.) mit überragendem Glockenturm. Im Inneren wertvolle, leider etwas verblichene Fresken aus der gleichen Zeit, die Szenen aus der Apokalypse und aus der Passion Jesu darstellen.
Piazzetta San Severo; tgl. 8–12 und 16–20 Uhr

San Zeno ■ c 1
Das in einem Innenhof (links) versteckte Kirchlein aus dem 9. Jh. gehört zu den ältesten karolingischen Bauten auf italienischem Boden. Beeindruckend der schmale, hohe Innenraum mit sechs weißen, gut erhaltenen Kapitellen.
Via San Zeno 13–15; falls geschl., wenden Sie sich an den Wächter (Haustür Nr. 1 oder 3)

Museen

Museo dell'Olio südöstlich ■ c 1
In diesem Ölmuseum können Sie einen guten Einblick in bäuerliches Leben und Handwerk am Beispiel der Speiseöl-Verarbeitung gewinnen. So finden wir hier etwa eine uralte Hebelpresse – die angeblich schon von den Ägyptern benutzt wurde –, eine Schraubenpresse, Mühlsteine zum Pressen, neben vielen anderen Werk-

zeugen und Gebrauchsgegenständen. Frisch gepresstes Speiseöl und andere Mitbringsel für den Küchenbedarf kann man gleich mitnehmen.
Cisano (2 km von Bardolino entfernt); Tel. 0 45/6 22 90 47; Via Gardesana, am Ortsausgang rechter Hand in Richtung Lazise; Mo–Sa 8.30–12.30 und 15–19 Uhr, So ganztägig, Mi nachmittags geschl.

Museo del Vino südöstlich ■ c 1
Seit 1991 hat Bardolino auch ein Weinmuseum. Zu besichtigen: Ackergeräte – u. a. eine Pflugschar – und was sonst zur Weinernte dazugehört; und zu degustieren: natürlich Bardolino-Rotweine aus der Eigenproduktion der Gebrüder Zeni.
Via Costabella 9; Tel. 0 45/7 21 00 22; Mo–Fr 8–12 und 14–18 Uhr, Sa 9–12 Uhr, So geschl.

Essen und Trinken

Agli Oleandri ■ b 2
Auch **Da Gianni** genannt. Hier locken nicht nur die Spaghetti alla carbonara. Auch das urige Ambiente auf der Piazzetta hat seinen Reiz.
Piazzetta Betteloni, 10; Tel. 0 45/7 21 02 03; Di geschl. ★

Aurora ■ b 1
Besitzer und Küchenchef haben gewechselt, das traditionelle Forellenfilet schmeckt gleichwohl. Man sitzt auf der 350 qm großen Terrasse mit Blick auf die schöne romanische S. Severo-Kirche.
Piazzetta S. Severo; Tel. 0 45/7 21 00 38; Mo geschl. ★★

Al Commercio
Hier essen die Einheimischen im schlichten Hof, ohne Blick auf den See. Venezianische Spezialitäten, u. a. Schnecken in Kräutersauce. Sehr freundlicher Familienbetrieb.
Via Solferino 1; Tel. 0 45/7 21 11 83; Di geschl. ★

Gelateria Cristallo ■ c 3
Man sitzt in dieser Eisdiele im Freien und sieht dem bunten Treiben auf der lang gestreckten Piazza Matteotti und der Seepromenade zu.
Piazza Matteotti, Ecke Seeufer

Gelateria Miralago ■ c 3
Direkt am Wasser, schräg gegenüber dem mittelalterlichen Turm, sitzt man unter Bäumen und kann sich bis 2 Uhr nachts mit Eis und Getränken verwöhnen lassen.
Piazza Matteotti (Seeufer, rechter Hand)

Giardino delle Esperidi ■ b 2
Romantisch angelegtes, elegantes Terrassenrestaurant im Ortskern: Abendlokal mit Kerzenlicht für Liebhaber der raffinierten Küche.
Via G. Mameli, 1; Tel. 0 45/6 21 04 77; Mo und tgl. mittags geschl. ★★★

La Loggia Rambaldi Ⓜ ■ c 3
Man tafelt im feudalen Säulensaal (16. Jh., ehemalige Stallung) oder im Freien am Hafen. Tipp: gemischter Salat mit Mozzarella und Rucola, von hauchdünn gebackenem Pizzateig umhüllt. Auch Menüs zu so genannten Minipreisen.
Piazza Principe Amedeo 7; Tel. 0 45/6 21 00 91; Di geschl. ★★

Einkaufen

Christine B ■ c 2
Der letzte Modeschrei für die schicke Signora. Große Auswahl.
Piazza Matteotti

Il Coccio ■ b 2
Sehr ausgefallene, handbemalte Keramik in der Werkstatt von Herrn Vellini und seinen zwei Kindern.
Borgo Garibaldi 52

Kellerei Ca' Vecia
Empfehlenswerte Bardolino-Weine.
Via Torcolo 1

Oben: Alles über die Olivenölproduktion erfährt man im Museo dell'Olio in Cisano.

Mitte: Die Fußgängerzone von Bardolino lädt zum Bummeln und zum Verweilen ein. Wie wär's mit einem »gelato«?

Unten: Die kleine Kirche von Lazise (→ S. 31) mit eindrucksvollen Fresken aus dem 13. Jahrhundert.

Kellerei Guerrieri-Rizzardi ■ c 2
Bei dieser großen Kellerei können
Sie die verschiedensten Weine
kosten und kaufen.
Via Verdi 1

Kellerei Lenotti südöstlich ■ c 1
Gehört zu den großen Weinverkäu-
fern am Gardasee.
Via Santa Cristina 1

Kellerei La Rocca
Hier werden ausgezeichnete Weine
verkauft, die außerhalb Italiens nur
wenig bekannt sind.
Via Strada di Sem e Pigno 4

Die Öffnungszeiten der Weinkellerei-
en sind saison- und arbeitsbedingt
unterschiedlich, ohne einheitliche
Regelungen.

Markttag
Jeden Do 8–13 Uhr stehen Lebens-
mittelstände vor der Santi Nicolò e
Severo-Kirche; Bekleidung, Schuhe,
Haushaltsgegenstände finden sich
am Lungolago.

Am Abend

Firmus östlich ■ c 1
Hier geht's ab 23 Uhr so richtig los.
Typische Disko mit Rhythmen, die
gerade »in« sind. Gute Klimaanlage.
An der Kreuzung Via Molini und Via Mon-
surei

Filarmonica »Bardolino« ■ c 2
Von Juni bis September jeden
Mittwochabend Konzerte klassischer
und folkloristischer Musik im Freien.
Samstags 21.30 Uhr Chorkonzerte in
der Pfarrkirche.
Piazza Matteotti

Franciscus ■ c 2
Voll angesagt! Die Background-
Musik lockt Twens aus der ganzen
Umgebung in dieses Bierlokal.
Via Verdi 11

Hollywood
Edeldisko mit Palmengarten. Zur
Erholung stehen Liegestühle bereit.
Montefelice

Service

Auskunft

**Azienda di Promozione Turistica
(APT)** ■ c 3
Piazzale Aldo Moro, 37011 Bardolino;
Tel. 0 45/7 21 00 78, Fax 0 45/7 21 08 72;
Juni–Sept. Mo–Sa 9–13 und 15–18, So
9–13 Uhr; Okt.–Mai Di, Do, Fr 9–13 und
15–18 Uhr, Mi, Sa 9–13 Uhr, So–Mo geschl.

**Medizinischer Notdienst
für Touristen**
Bardolino – Lazise; Tel. 0 45/7 24 12 85,
0 45/7 21 08 32; vom 15. Juni–15. Sept.

Taxi
Bardolino: Tel. 0 45/7 21 03 50
Lazise: Tel. 0 45/7 58 01 01

Weinproben ■ c 2
Die Reiseagentur **Europlan** organi-
siert jeden Donnerstag im Sommer
Ausflüge ins umliegende Weingebiet
mit Kostproben.
Via Mirabello; Tel. 0 45/6 20 94 44

Ziele in der Umgebung

Calmasino ■ F 9, S. 121

Der Nachbarort in den Hügeln von Cisano, 5 km südlich von Bardolino,
liegt an der alten Straße nach Verona. Heute ist Calmasino eines der
Hauptzentren des Weinbaugebiets
Bardolino. Der rubinrote »Markt-
führer« der Gardasee-Weine ist hier
bei den Winzern in verschiedenen
Qualitätsklassen erhältlich. Hier wird
auch der gute Grappa aus **vinacce**
(Weintrester oder Treber) hergestellt.

Cisano

■ E 9, S. 121

Ein ruhiges Dörflein, 2 km südlich von Bardolino, mit der Kirche **Santa Maria Maggiore** (12. Jh.). Leider ließ man den Innenraum zwischen Fassade und Apsis im neoklassizistischen Stil neu errichten, so dass heute nur noch Fassade, Turm und Apsis an die schöne romanische Kirche erinnern. In Cisano findet der Markt am Montag statt.

Lazise

■ E 9, S. 121

Dieses malerische Dorf, 6 km südlich von Bardolino, war unter venezianischer Herrschaft der bedeutendste

Handelsort und die erste freie Kommune am See. Sehenswert ist die gut erhaltene **Stadtmauer** mit ihren Zinnen und ihren drei Stadttoren, außerdem das beeindruckende sechstürmige **Scaligerkastell** mit seinen steilen Mauern im Park der Villa Bernini (beide in Privatbesitz) und das venezianische Zollhaus am Hafen aus dem 14. Jh. Daneben steht die romanische Kirche **San Niccolò** (12. Jh.) mit ihrem eleganten Turm. Sie gehört seit ewigen Zeiten der Gemeinde von Lazise und nicht der Kirche. Übrigens: Wer das Kastell und die darunter liegende ehemalige venezianische Hafenanlage in ihrer ganzen Schönheit genießen möchte,

gehe an Bord eines Schiffes in Richtung Sirmione.

Hotels/andere Unterkünfte

Casa Mia
Ein chaletähnliches Hotel mit Swimmingpool und Tennisplatz.
An der Gardesana, Eckhaus an der Straße in Richtung Colà; Tel. 0 45/6 47 02 44, Fax 0 45/7 58 05 54; 74 Betten ★ ★

Castello S. Antonio
Etwas außerhalb von Lazise am Hügel – für ruheliebende Gäste.
1 km von Lazise entfernt; Tel. und Fax 0 45/7 58 03 87; 24 Betten ★ ★

Lazise
Ein freundliches Hotel mit Swimmingpool, Tennisplatz und Garage.
Via Esperia 38a; Tel. 0 45/6 47 04 66, Fax 0 45/6 47 01 90; 87 Betten ★ ★

Santa Marta
Ein ruhiges, efeuberanktes Hotel mit Wein- und Obstgarten vor der Tür. Die Zimmer sind schlicht, dafür mit Seeblick.
Via Sentieri 13; Tel. 0 45/7 58 00 26, Fax 0 45/7 58 06 39; 82 Betten ★ ★

Essen und Trinken

Botticelli
Von der Dachterrasse sind die nächtlich beleuchteten Stadtmauern zum Greifen nah.
Porta del Lion 13; Tel. 0 45/7 58 11 94; Mo geschl. ★

La Forgia
Auf einem uralten schmiedeeisernen Grill werden Fische zubereitet. Der Service lässt leider manchmal ein wenig zu wünschen übrig.
Lungolago Marconi; Tel. 0 45/7 58 02 87; Mo geschl. ★ ★

Alla Grotta
Das Restaurant liegt direkt am malerischen Hafen, und unter seiner schattigen Laube steht eine alte Weinpresse. Das Lokal ist für seine gute Fischkarte bekannt.
Via Fontana 8; Tel. 0 45/7 58 00 35; Di geschl. ★

La Taverna – da Oreste
Dies ist das älteste Restaurant in Lazise. Es gibt einen Kamin mitten im Raum; dieser hebt die gemütliche Stimmung.
Via Fontana 32; Tel. 0 45/7 58 00 19; Mi geschl. ★

Il Porticciolo
Hier wird der Gourmet auf Händen getragen und verwöhnt nach der besten Tradition des Hauses.
Lungolago Marconi 22; Tel. 0 45/7 58 02 54; Di geschl. ★ ★

Service

Auskunft

IAT (Informationsbüro)
Via Fontana 14; Tel. 0 45/7 58 01 14; Öffnungszeiten wie bei APT, Bardolino (→ S. 30)

Eine malerische Altstadt im Mi-
niatur-Format ist Garda, mittelalterlich und verwinkelt, mit kleinen Gassen, zwischen zwei hübsche alte Stadttore gedrängt.

Garda   ■ D 8, S. 119

3550 Einwohner
Stadtplan → S. 37

In diesen engen Fußgängergassen findet man vieles, was das Herz begehrt:
geschmackvolle Keramik, fesche
Mode-Boutiquen, köstliches Obst und
fast an jeder Ecke erfrischende Gelati.
Weitläufiger wird es erst an der von
vielen Cafétischen gesäumten **Seepromenade.** Am idyllischsten sitzt man
am windgeschützten Seeufer an der
Piazza Catullo, wo abends der venezianische **Palazzo dei Capitani** angestrahlt wird. Gardas Burg thronte jahr-
hundertelang auf dem 294 m hohen
Felsplateau; heute sind nicht einmal
mehr Mauerreste übrig. Von dieser
Festung aus wurden bis ins Jahr 1236
die Geschicke Oberitaliens entschei-
dend mitbestimmt. Unschlüssig ist
man sich, worauf der Name **Garda**
zurückzuführen ist. Sicher ist lediglich,
dass man seit der Zeit Karls des Großen den See nicht mehr »Benacus«,
sondern »Garda« nannte. Neue Aus-
grabungen und gepflegte Pfade zum
Spazieren sollen bald die Geheimnis-
se der Geschichte in einem archäolo-
gischen Park am Burgberg lüften.

Hotels/andere Unterkünfte

Bel Sito   ■ c 2
Das bescheidene Äußere, an der
Uferpromenade, verrät nicht, wie ge-
pflegt das Innere ist. Ungeahnt ni-
veauvolles Restaurant. Preis-Leis-
tungs-Verhältnis stimmt.
Via S. Francesco 39; Tel. 0 45/6 27 00 60,
Fax 0 45/6 27 01 42; 66 Betten ★★★

Flora   ■ a 1
Inhaberin Inge betreut ihre Stamm-
gäste seit 1968. Freundlicher Ser-
vice, zwei Swimmingpools und zwei
Tennisplätze im Olivenhain, Sauna,
Minigolf.
Via Madrina 4; Tel. und Fax 0 45/7 25 53 48;
77 Betten ★★★

Madrigale   nordwestlich ■ b 1
Gegenüber vom Golfclub von Marcia-
ga (2,5 km). Alle Zimmer mit See-
blick. Swimmingpool im Garten.
Via Ghiandare 1; Tel. 0 45/6 27 90 01,
Fax 0 45/6 27 91 25; 24 Betten ★★

Du Parc   westlich ■ a 2
Eine herrschaftliche Villa mit groß-
artigem Palmengarten direkt am See.
Man blickt auf den berühmten Fel-
sen, auf dem einst die Rocca stand.
Unbedingt um ein Zimmer an der
Gartenseite bitten.
Via Marconi 3; Tel. 0 45/7 25 53 43,
Fax 0 45/7 25 56 42; 50 Betten ★★★

Parkhotel Oasi   nördlich ■ c 1
Hochmodernes Hotel landeinwärts
von Garda. Großer Swimmingpool in
gepflegter Grünanlage.
Via della Pace; Tel. 0 45/7 25 66 90,
Fax 0 45/6 27 00 80; 244 Betten ★★

Poiano 👫   nordwestlich ■ C 4
1986 eröffnet, liegt dieses Hotel
mit Ferienwohnungen in den grünen
Hügeln mit Weitblick auf die Bucht
von Garda. Riesiger Swimmingpool,
vier Tennisplätze. Ideal für Familien
mit Kindern.
In Costermano; Tel. 0 45/ 7 20 01 00,
Fax 0 45/7 20 09 00; 173 Betten ★★★

Regina Adelaide M ■ c 2
Ein Grand Hotel mit Gemütlichkeit.
Komfortable Zimmer. See gleich hinter der Grünanlage, Swimmingpool.
Via XX Settembre; Tel. 0 45/7 25 59 77,
Fax 0 45/7 25 62 63; 111 Betten ★ ★ ★ ★

Sport Hotel Olimpo   westlich ■ a 1
Ideal für Sportfreunde: Frei- und
Hallenbad, fünf Tennisplätze, Fitnessraum, Sauna, Solarium, Wassermassage.
In Ca' Madrina; Tel. 0 45/7 25 64 44,
Fax 0 45/7 25 67 97; 148 Betten ★ ★

Sportingclub ■ C 4
Das Hotel liegt abseits in den Hügeln. Für Tennisfreunde stehen drei
Tennisplätze zur Verfügung. Ein
Swimmingpool, Sauna und Masseur.
Sehr schlichte Zimmer, alle mit
traumhaftem Blick auf die Bucht von
Garda. Gute Küche im Haus.
In Costermano; Tel. 0 45/7 20 01 78,
Fax 0 45/7 20 02 81; 34 Betten ★ ★

Spaziergang

Ausgangsort ist der **Torre dell' Orologio** (Uhrturm-Stadttor) am Corso V.
Emanuele. Hier beginnt die eng verwinkelte Altstadt. Wir biegen links in
die **Via Manzoni** ein, gehen bis zum
Seeufer und nehmen gleich wieder
rechts – zwischen Bar da Franco und
Hotel Roma – die hübsche, bogenreiche Parallelgasse **Calle dei Sottoportici**, an deren Ende uns die Düfte
einer gut sortierten Bäckerei entgegenwehen. Fast am Ende der **Via Libertà** blicken wir rechts in die bepflanzte,
schmale **Vicolo del Pio**. Wir gehen aber
die Via Libertà geradeaus weiter, durch
den dicken Hausbogen mit der Inschrift
»Barbiere« bis zur **Piazza Catullo**. Dieser Hauptplatz an der Seepromenade –
10 dem **Lungolago** – wird von dem
prachtvollen **Palazzo dei Capitani**
mit schönen venezianischen Fenstern
beherrscht. Über die erste Gasse
rechts, die **Via Spagna**, erreichen wir

schließlich zur Linken den direkt am
westlichen Stadttorbogen Gardas gelegenen **Palazzo Fregoso**. Der Spaziergang dauert ca. 25 Minuten.

Sehenswertes

Gassen ■ b 2
Am hübschesten sind die bogenreiche **Calle dei Sottoportici** und die
idyllische **Vicolo del Pio**.

Palazzetto al Ponte ■ c 1
In diesem Palais über dem Bach
Gusa verweilte 1848 Herzog Ferdinand, Sohn des Königs Carlo Alberto
von Piemont (heute Privatbesitz).
Via S. Stefano 6

Palazzo Fregoso ■ b 1
1510 wurde er in venezianischem Stil
direkt über dem westlichen Stadttor
erbaut.
Corso XX Settembre (nur von außen zu sehen)

Palazzo »Losa« ■ b 2
So heißt im Volksmund das schöne
Haus an der Seepromenade, mit
einer herrlichen Balkon-Loggia im
ersten Stock (16. Jh.), Werk des
berühmten Baumeisters Sanmicheli.
(Für die Loggia-Besichtigung wende
man sich an den Barbesitzer Renato
im Palazzo.)

MERIAN-Tipp

Palazzo dei Capitani Mit seinen gotischen Spitzbogenfenstern ist es das schönste Palais Gardas (15. Jh.). Hier hatte
der Seehauptmann und Vertreter Venedigs sein Quartier. Besonders eindrucksvoll bei der
stimmigen Abendbeleuchtung.
Piazza Catullo (nur von außen
zu sehen) ■ b 1

Oben: Die Uferpromenade von Garda empfiehlt sich für Mondschein-spaziergänge.

Mitte: Die Silhouette der Landzunge Punta San Vigilio mit dem gleichnamigen Nobelhotel und -restaurant ist vom Wasser aus gesehen noch wirkungsvoller.

Unten: Idyllisch speist man an der Hafenpromenade von Garda im Schatten des venezianischen Palazzo dei Capitani.

Santa Maria ■ c 1
Die Pfarrkirche Gardas liegt außerhalb der Altstadt und hat einen restaurierten zweiseitigen Kreuzgang aus dem 15. Jh.
Piazzale Roma 11; tgl. 9-12 und 16-19 Uhr

Santo Stefano ■ b 2/c 2
Die Kirche aus dem 15./16. Jh. hat ein schönes Altarbild von Palma il Giovane (1576).
Via XX Settembre; tgl. 9–12 und 16–19 Uhr

Villa Becelli-Albertini ■ a 1
In dieser rotgelben Villa aus dem 15. Jh. mit herrlicher Gartenanlage verweilten schon König Carlo Alberto und Max II. von Bayern.
Am Ortsausgang auf der rechten Seite in Richtung Torri (nur von außen zu bewundern)

Villa Canossa ■ a 2
Dieses Haus aus dem 18./19. Jh. war 1904 bis 1905 der Schauplatz eines kurzen und sehr unglücklichen Liebesverhältnisses zwischen dem Dichter Gabriele d'Annunzio und der verwitweten Markgräfin Alessandra Carlotti. Das Gebäude liegt versteckt und ist nur vom See aus zu sehen.
Am Ortsausgang, in Richtung Torri auf der linken Seite

Essen und Trinken

Wer sein Domizil in Garda hat und gut essen möchte, sollte bevorzugt Restaurants wählen, die etwas außerhalb des Ortes liegen.

Bar Bella Venezia ■ b 2
Die Einheimischen verabreden sich hier zu einem schnellen Espresso an der Theke. Ab 12 Uhr tafeln die »Zugereisten« an den engen Tischen in der Gasse.
Vicolo del Pio 8; Tel. 0 45/7 25 61 40 ★

Ai Beati M
Eine Idylle aus alten Zeiten erlebt man in diesem ehemaligen Weinkeller. Draußen hat man einen traumhaften Blick auf die Weingärten und den Gardasee. Das süße i-Tüpfelchen: Nougat-Mousse.
Ai Beati (2 km von Garda); Tel. 0 45/7 25 57 80 Mo geschl. ★★★

Locanda di San Vigilio M M M
westlich ■ a 2
Das äußerst gepflegte Balkon- und Terrassen-Restaurant findet sich in der gleichnamigen aparten Herberge auf der Punta San Vigilio. Exklusives Ambiente und Flair aus dem alten Europa. Ein »Muss«: carpione alla griglia (gegrillte Gardasee-Forelle).
Punta San Vigilio; Tel. 0 45/7 25 66 88, Fax 7 25 65 51; Di geschl. ★★★★

Da Remigio ■ E 8, S. 119
Vom Veranda-Restaurant des Signor Venanzio aus hat man einen herrlichen Blick auf die Bucht von Garda. Nur regionale Hausmannskost.
Costermano; Tel. 0 45/7 20 00 64; Do geschl. ★

Stafolet ■ E 8, S. 119
Ein Insider-Lokal, etwas abseits vom Trubel im Stadtteil Giare (Richtung Costermano) gelegen. Die Gäste essen mit Vorliebe Pfeffersteak oder eines der hervorragenden Fischgerichte und sitzen im Grünen, fernab von Verkehr und Straßenlärm.
Costermano; Tel. 0 45/7 25 54 27; Mo geschl. ★

Einkaufen

Gabriella ■ b 2
Alessi-Teekannen, hübsche Tongefäße (u. a. für Wein und Spaghetti), Servierbesteck aus Horn.
Vicolo del Pio/Ecke Via Garibaldi

Giro ■ b 1
Wunderschöne Keramik, etwa Obst- und Gemüseschalen mit Blumenmotiven (preiswerte Geschenkideen).
Corso V. Emanuele 22

Gobetti Carlo   nordwestlich ■ b 1
Seit 1836 ist diese eine der ältesten
Schnapsbrennereien der Gegend.
Nur die Feinste der feinen Grappa
wird hier nach herkömmlicher Manier
destilliert (und jede kostbare Flasche
wird einzeln nummeriert).
Marciaga bei Castion; Via Ghiandare 14

La mano del Re   ■ b 2
Hübsche Geschenkartikel von Kera-
mik bis Lampenschirm.
Via Spagna 27

Markttag   ■ c 2
Jeden Fr 8–13 Uhr am Seeufer Regina
Adelaide.

Nica & C.   ■ b 1/b 2
Schicke Mode-Boutique mit aparten
Polohemden, Pullis und Armani-
Jeans.
Via Garibaldi 23

Supermarket De Beni   ■ D 8, S. 119
Wer eine große Familie zu versor-
gen hat, kommt von Torri bis Bardolino extra nach Costermano, um
sich in dem modernen und preiswerten Einkaufszentrum einzu-

decken, denn die Touristenorte sind
teuer.
Costermano, 2 km von Garda entfernt,
am Ortsausgang rechts

Am Abend

Bar Taitù
In-Treff bis zwei Uhr nachts bei Bier
und nostalgischer Klaviermusik.
Vicolo Cieco Forni 8

Bar Taverna   ■ b 2
Romantischer geht's nicht, wenn
abends auf den Tischen die Kerzen
brennen und der Palazzo dei Capitani
schön beleuchtet ist.
Piazza Catullo

Piazzetta della Libertà   ■ c 1
Von Mitte Juni bis Mitte Sept. jeden
Mi Konzerte klassischer Musik im
Freien.

Service

Auskunft

**Azienda di Promozione Turistica
(APT)**
– Via Don Gnocchi, 23,

37

37016 Garda, Tel. 0 45/6 27 03 84, ■ c 2
0 45/7 25 67 20; Mo–Sa 9–13 und 15–19,
So 9–13 Uhr, 1. Nov. bis Ostern Di–Sa 9–14
und 15–18 Uhr nur Di/Do/Fr
– Viale Fratelli Lavanda, 22, ■ C 4
37010 Torri del Benaco; Tel. 0 45/7 22 51 20
Öffnungszeiten wie oben (Garda)

Autofähre ■ C 4
Von Torri nach Maderno am west-
lichen Seeufer und zurück.
Ganzjährig tgl. im 40-/90-Minuten-Takt
Info APT

Medizinischer Notdienst
Tel. 0 45/7 21 08 32

Taxi
Tel. 0 45/7 25 55 92 und 0 45/7 25 56 95

Ziele in der Umgebung

Costermano ■ E 8, S. 119

In völliger Abgeschiedenheit liegt am
Ende des Dorfes der drittgrößte
deutsche **Soldatenfriedhof** in Italien
aus dem Zweiten Weltkrieg.

Eremo di Rocca
■ D 8, S. 119

Eine **Einsiedelei** (17. Jh.) des Kamal-
dulenserordens mit der **San-Ro-
muald-Kirche**. Hier führen die Mön-
che ein strenges Klausurleben. Man
kann, dezent gekleidet, einen Blick in
die Kirche und, im Glücksfall, in eine
Zelle werfen. Man erreicht die Einsiedelei, wenn man kurz vor Bardolino
die Linksabzweigung bei der Agip-
Tankstelle nimmt. Die kurvige Straße
führt hinauf bis zur Ortschaft Cortelli-
ne. Beim Madonnenbild links in die
schmale Strada dell'Eremo abbiegen
(kein Wegweiser!) und bis zum Kreuz
hinauffahren. Beim Schild »Privato«
sind Sie am Ende des Schotterwegs
angekommen. Rechts vom Kreuz an
der Einsiedelei führt ein Waldweg in
20 Minuten zur Rocca di Garda.
Tel. 0 45/7 21 13 90; So 10.30–12 Uhr,
sonst tgl. 15.30–18 Uhr

Monte Luppia ■ D 8, S. 119

Am Monte Luppia (418 m), oberhalb
der romantischen Punta San Vigilio,
sind 1964 die ersten und bislang
wichtigsten **Felsenzeichnungen** am
Gardasee aus der Steinzeit entdeckt
worden. Fachkundige Führungen
werden auf Wunsch organisiert.
Buchen Sie rechtzeitig über den
Pförtner der Scaligerburg von Torri.
Abbildungen der Felsgravierungen
kann man sich auch dort ansehen.
Tel. 0 45/6 29 61 11

Punta San Vigilio
■ CD8, S. 118/119

Eines der romantischsten Fleckchen
am Gardasee liegt zwischen der
Sirenenbucht im Norden und der

MERIAN-Tipp

Madonna della Corona Von dieser **Wallfahrtskirche** (16.–19. Jh.)
aus, die auf ca. 300 m Höhe zwischen zwei Felsen des Monte
Baldo eingeschlossen liegt, genießt man einen schönen Blick ins
Etschtal und auf eine Felsenkulisse. Man beachte im Innern der Kirche die in den Felsen gehauene Längs- und Chorwand. Über das Dorf
Spiazzi erreichbar (18 km von Garda). Viele Stufen führen zur Kirche
hinab (Wegweiser). Tgl. 8–19 Uhr ■ F 7, S. 119

Bucht von Garda im Süden: die von der Natur begnadete Landzunge Punta San Vigilio mit der aus dem See ragenden Klippe Scoglio della Stella. Eine kleine Welt für sich: die vornehme **Villa Guarienti di Brenzone** (16. Jh.), mit Renaissance-Garten (Privatbesitz) und **San-Vigilio-Kapelle** (nur vom See aus zu sehen; geöffnet nur am 25. April).

Hotels/andere Unterkünfte

Locanda San Vigilio M M M
Diese kleine, aber ausgesprochen feine Nobelherberge, gleichzeitig Feinschmeckerlokal (→ S. 36) und gemütlicher Gasthof, liegt direkt am See, mit einem malerischen, winzigen Hafen. Hier übernachteten bereits Zar Alexander, Winston Churchill, Laurence Olivier und Vivian Leigh wie auch Prinz Charles. Die Zimmer sind mit Antiquitäten und alten Parkettböden ausgestattet. Ein Haus für diejenigen, die Ruhe und Abgeschiedenheit lieben.
Punta San Vigilio; Tel. 0 45/7 25 66 88, Fax 0 45/7 25 65 51; 14 Betten ★ ★ ★ ★

Rocca di Garda ■ D 8, S. 119

Den gewaltigen Felsen erreicht man am einfachsten über die Einsiedelei Eremo oder von Garda aus in einem einstündigen Spaziergang über die Via S. Bernardo durch Weingärten und Waldwege hinauf, vorbei an den **canevini** (in den Fels gehauenen ehemaligen Weinkellern).

San Zeno di Montagna ■ D 7, S. 119

Der Luftkurort auf 583 m Höhe nördlich von Albisano bietet einen schönen Weitblick auf die gebirgige Landschaft im Nordwesten. Er ist auch ein idealer Ausgangspunkt für Bergtouren zum Monte Baldo.

Torri del Benaco
■ D 8, S. 119

2600 Einwohner

Dieses malerische alte Hafenstädtchen mit seinem stimmungsvollen Ortskern (6 km nördlich von Garda) hat sich zu einem aufstrebenden Badeort entwickelt. Eine Besonderheit am Gardasee ist eines der letzten heute noch in Betrieb stehenden Zitrusgewächshäuser von 1760 an der Südmauer der Burg.

Geübte Autofahrer sollten von Torri del Benaco aus einen kleinen Abstecher in die Berge machen. Verlassen Sie die Gardesana Straße bei der Ampel in Torri del Benaco und biegen Sie, bergaufwärts, in die Via per Albisano ein. Diese Serpentinenstraße führt zwischen Villen, Gärten und Olivenhainen hinauf in den Ortsteil **Albisano**. Der Kirchplatz von Albisano bietet einen grandiosen Blick auf den Gardasee und die hinter dem Westufer liegenden Brescianer Berge – **Balcone del Garda** nannte Gabriele d'Annunzio diesen Aussichtspunkt.

Hotels/andere Unterkünfte

Europa 👤👤
Wunderschön und ganz ruhig am Hügel über Torri liegt dieses Hotel mit Ausblick auf die Scaligerburg und den See. Die Zimmer sind schlicht eingerichtet. Der Swimmingpool liegt im 9000 qm großen Olivenhain. Buchung nur mit Halbpension.
Via d'Annunzio 16; Tel. 0 45/7 22 50 86, Fax 0 45/6 29 66 32; 35 Betten ★ ★

Gardesana M
In diesem venezianischen Palazzo mit hübscher Loggia empfiehlt sich eine Übernachtung. Er liegt direkt am Segelhafen von Torri.
Piazza Calderini; Tel. 0 45/7 22 54 11, Fax 0 45/7 22 57 71; 65 Betten ★ ★ ★

Sehenswertes

Scaligerburg

Die schön restaurierte **Scaligerburg** aus dem Jahr 1383 ist als Museum der Öffentlichkeit seit 1981 zugänglich. Prächtige Abendbeleuchtung. Interessant sind die Säle der Fischerei, in denen neben einer typischen »Gardasee-Gondel« Netze und Fanggeräte ausgestellt sind. Im ersten Stock zeigen Original-Gipsabdrücke und Fotos stilisierte Felsenzeichnungen aus prähistorischer Zeit, die man am Monte Luppia bei Torri auf glattgeschliffenen Steinplatten entdeckt hat. Aufschlussreich sind auch der Saal der Olivenverarbeitung und die Rekonstruktion einer Ölpresse aus der Römerzeit.

Torri del Benaco, April–Mai Di–So 9.30–12.30 und 14.30–18.30 Uhr, Juni–Sept. 9.30–13 und 16.30–19.30 Uhr, Eintritt 2,50 €
Viale F. Lavanda 2

Santi Pietro e Paolo

In dieser Barockkirche beachte man vor allem die kunstvoll restaurierte Orgel (1744). Sie stammt vom Orgelbauer Angelo Bonatti aus Desenzano. Heute sind nur noch drei seiner Werke erhalten geblieben. Die vergoldete Bronzestatue am Taufbecken rechts vom Eingang stellt den aus Torri stammenden Pfarrer Giuseppe Nascimbeni (19. Jh.) dar, den 1988 Papst Johannes Paul II. im Sportstadion von Verona selig sprach. Dieser Geistliche gründete den karitativen Schwestern-Orden »Suore della Sacra Famiglia«. Mit großem Einsatz betreuen die Schwestern die Patienten des Istituto Chirurgico Ortopedico, des orthopädischen Krankenhauses von Malcésine. Sehenswert ist am Kirchplatz auch der mittelalterliche Berengarius-Turm. Er erinnert an den Besuch des Langobardenkönigs Berengar I. in Torri.

Pfarrkirche geöffnet tgl. 9–12 und 15–19 Uhr

Essen und Trinken

Aquarium 👫

In dieser Pizzeria kann man gut speisen. Sie liegt direkt am See.

Via C. Battisti 11; Tel. 0 45/7 29 67 34; Mi geschl. ★

Al Caval

Veranda-Restaurant an der Hauptstraße. Beliebt bei den Italienern.

Via Gardesana 186; Tel. 0 45/7 22 56 66; Mo geschl. ★

Panorama

Bietet einen fantastischen Blick auf die Berge und den See. Ein Serpentinenweg führt von Torri hierher.

Via San Zeno 9, Albisano; Tel. 0 45/7 22 51 02; Mo geschl. ★

Am Abend

Lidò

Am Abend verwandelt sich die Strand-Cafeteria in eine gemütliche Pianobar mit Schummerlicht.

Einkaufen

Antiquitätenmarkt

Anfang Juli bis Mitte Sept. jeden Mi 20–24 Uhr
Viale Marconi

Markttag

Jeden Mo bis 13 Uhr vom Kirchplatz bis zur Burg

Der uralte Ortskern hat verwinkelte, enge, zum Teil steile Gassen und hohe Mauern. Überall trifft man auf Olivengärten, vereinzelt auch auf wild wachsende Oleander und Agaven.

Limone   ■ C 4, S. 116

Knapp 1000 Einwohner
Stadtplan → S. 43

Wenn Sie Limone mit dem Auto ansteuern, fallen Ihnen gleich die terrassenförmig an den Berghängen angelegten Bauten mit hohen Pfeilern auf. Das sind die berühmten **Zitronengärten** Limones, die »Wahrzeichen« dieses hübschen, alten Dorfes. Von den vielen **limonaie** kann man heute wieder zwei seit 1985 voll funktionierende »Exemplare« in ihrer Pracht bewundern: Eines liegt neben dem Hotel Pergola (Dépendence), das andere bei »Al Prà«, an der Uferstraße zwischen zwei Tunnels in Richtung Süden, knapp 2 km rechts vor Porto di Tignale. Beide sind abends schön beleuchtet. Limone (wörtlich übersetzt »Zitrone«) ist ein uriges Dörflein am Fuße des schroffen Berges Dosso dei Roveri, südlich von Riva. In diesem in der Nebensaison kaum bewohnten malerischen Fleckchen tummeln sich in den Sommermonaten bis zu 10 000 Touristen am Tag. Die meist gut ausgestatteten Hotels von Limone arbeiten hauptsächlich mit Reiseveranstaltern. Wer dort seinen Urlaub verbringt, sollte dies wissen.

Hotels / andere Unterkünfte

Capo Reamol   nordöstlich ■ c 2
Abgelegenes, renoviertes Hotel am See – hier weht der stärkste Wind der Gegend. Ideal für geübte Surfer (Starkwindkurs!). Swimmingpool, Garten, bewachter Parkplatz.

Via 4 Novembre 92, 2 km nördlich von Limone; Tel. 03 65/95 40 40, Fax 03 65/95 42 62; 104 Betten ★★★

Ideal 👫👫   südwestlich ■ a 1
Familienhotel mit vielen Stammgästen. Drei Tennisplätze, ein Hallen- und zwei Freibäder (eines ähnelt einer großen Freilichtbühne), Sauna und Solarium.
Via 4 Novembre 32; Tel. 03 65/95 42 31, Fax 03 65/95 42 69; 348 Betten ★★

Du Lac   südwestlich ■ a 1
Gepflegtes Hotel direkt am Strand mit großem Swimmingpool, Garten, Parkplatz.
Via Fasse 1; Tel. 03 65/95 44 81, Fax 03 65/95 42 58; 178 Betten ★★★

Leonardo da Vinci 👫👫   südwestlich ■ a 1
Mit eigenem Strand, drei Swimmingpools für Erwachsene, zwei Schwimmbäder für Kinder. Animation am Abend, Disko im Keller.
Via 4 Novembre 3; Tel. 03 65/95 43 51, Fax 03 65/95 44 32; 314 Betten ★★★

Lido 👫👫   südwestlich ■ a 1
Eine schlichte, ruhige, motelähnliche Herberge mit kleinem Privatstrand und Swimmingpool. Sehr tierfreundlich.
Via 4 Novembre 36; Tel. 03 65/95 45 74/75, Fax 03 65/95 46 59; 52 Betten ★★

Park Hotel Imperial M M
westlich ■ a 1
Neben je zwei Luxushotels in Sirmione und Gardone ist dies das einzige Fünf-Sterne-Hotel am Gardasee. Die

Zimmer sind mit jeglichem Komfort eingerichtet. Zwei geheizte Swimmingpools, Hallen- und Dampfbad, großer Whirlpool, Tennisplatz. Wunderschöner Garten. Besonders geeignet für gestresste Geschäftsleute, die sich hier im Gesundheitszentrum »Tao« mit einer gezielten Fitness- und Diätkur von Kopf bis Fuß regenerieren können.
Via Tamas 10 ; Tel. 03 65/95 45 91, Fax 03 65/95 43 82; 96 Betten ★ ★ ★ ★

Villa Margherita   westlich ■ a 1
Renoviertes ruhiges Hotel im Olivenhain am Hügelhang. Zimmer individuell eingerichtet.
Via Tamas; Tel. 03 65/95 41 49; 18 Betten ★ ★

Spaziergang

Von der **Piazza Garibaldi** aus erreichen wir über den idyllischen alten Hafen die **Via Nova**. Etwa 10 m weiter steigen wir links eine mit Blumentöpfen gesäumte Treppe hoch und kommen zur Kirche **San Rocco.** Von dort genießt man einen schönen Ausblick auf Limone. Wieder der Via Nova folgend, sehen wir wild wachsende Kapernsträucher an hohen Mauerwerken herunterhängen. Ein paar Schritte weiter befinden wir uns im ehemaligen Gebiet der »Limonaie«, der hohen **Zitronengewächshäuser.** Uns zur Rechten sehen wir aus nächster Nähe die Ruinen einer uralten Limonaia. Nach dem Steg über den Bach Se senkt sich der Weg leicht und führt am See entlang zum Hotel Italia. Wir folgen links einer sanft ansteigenden Straße, die uns über den Bach Sopino bringt. An einer Abzweigung nehmen wir links die asphaltierte Straße bis zur Gardesana-Uferstraße, überqueren sie und gehen den schmalen Weg mit dem Schild **Appartamenti La Limonaia** hinauf. Nach 50 m geht es wieder links ab; wir sehen zur Linken einen hohen

Wasserfall, der in den Sturzbach Sopino mündet. Der Spaziergang dauert ca. 45 Minuten.

Sehenswertes

San Benedetto   ■ a 1
Die Pfarrkirche von Limone, 1685 erbaut, beherbergt sehr schöne Gemälde von Andrea Celesti (18. Jh.), u. a. die Hl. Drei Könige (rechts vom Altar).
Via Comboni; nur So 8–18 Uhr

San Pietro in Oliveto
nordwestlich ■ a 1
Eine verlassene romanische Kapelle inmitten eines Olivenhains.
Am Berghang von Limone, in Richtung Tremósine (nur von außen zu sehen)

San Rocco   ■ b 1
Die Kirche aus dem 14. Jh. hat dekorative Freskenverzierungen in der Apsis und rund um den Altar. Hinter dem Altar befindet sich ein Fresko eines unbekannten Meisters, das den heiligen S. Rocco darstellt. Falls geschlossen, wenden Sie sich auf halber Treppenhöhe an Signor Fava, den Wächter.
Oberhalb des Hafens

Essen und Trinken

Bar Porto   ■ a 1
Hier ist alles wie vor 40 Jahren. Man sitzt direkt am Wasser mit Blick auf den benachbarten kleinen Hafen.
Via Porto 25

Gemma   ■ a 1
Ein Genuss sind hier Cannelloni und Lasagne. Im Zentrum, direkt am See gelegen, mit Blick auf die Zitronengewächshäuser.
Piazza Garibaldi 10; Tel. 03 65/95 40 14; Mo geschl. ★

Jacky Bar westlich ■ a 2
Beliebter Treff für Einheimische und
Touristen.
Gegenüber vom neuen Hafen

Osteria Livio 👫
Im rustikalen Inneren hängen die Bilder von Lonnie, Livios Frau, an den
Wänden. Probieren Sie hier den Tiroler Speck! Empfehlenswert ist die
Osteria für Familien, denn hier können Eltern in Ruhe essen: Ihre Kinder
finden gleich nebenan – im Olivenhain – eine Spielwiese mit Sandkas-
ten. Schöner Biergarten.
Via Tovo; Tel. 03 65/95 42 03; Mo geschl. ★

Le Palme ■ a 1/b 1
Ein Terrassenrestaurant auf dem
Wasser, mit herrlichem Ausblick auf
das Hafenstädtchen. Gepflegt und
vornehm.
Via Porto 36; Tel. 03 65/95 46 81;
Mo geschl. ★

Pasticceria Piva
Ein schmaler Weg führt steil und
schnurstracks zur Piazzetta hinauf.
Man genießt hier Obst- oder Sahne-
kuchen.
Via Cortili 12; tgl. 8.30–23 Uhr

Al Torcol ■ a 1
Man isst Pizza und **grigliata mista**
(Mixed Grill) im Garten und schaut in
Richtung See auf fünf Tennisplätze.
Via 4 Novembre 44; Tel. 03 65/95 41 69;
Mo geschl. ★

Einkaufen

Cooperativa agricola
Eine Fundgrube ist dieses Geschäft
vor allem für gutes einheimisches
Olivenöl, Honig und Kapern.
Via Campaldo 10; Führungen Juli–Sept. Mo
und Fr 16–18 Uhr mit Kostproben

Free Sport – Sport Line ■ a 1
Dieses gute Sportgeschäft bietet
führende Markenartikel.
Via Comboni 30

Markttag ■ a 2
Jeden ersten und dritten Di des Monats werden von 8 bis 13 Uhr an der
Seepromenade Lederwaren und Bekleidung verkauft.

Martinelli ■ a 2
Toller Jeansladen mit großer Auswahl
an T- und Sweatshirts.
Lungolago Marconi 10

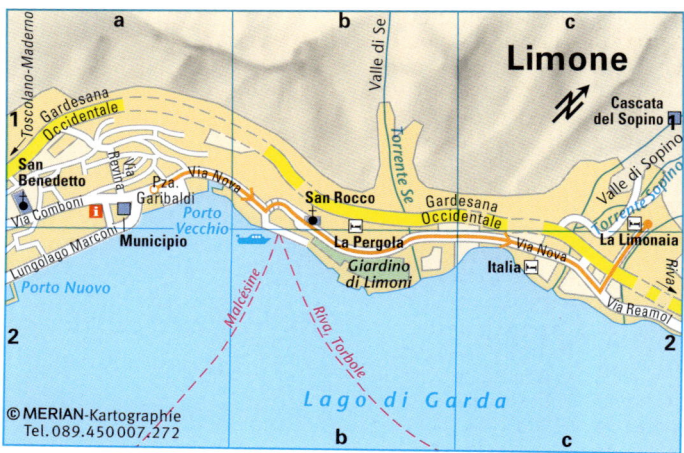

Prestige ■ a 2
Boutique mit schicker Damengarde-
robe.
Lungolago Marconi 18

Raffi Moda
Hier gibt es signierte Jeans- und Ca-
sual-Mode, u. a. von Valentino und
Coveri.
Piazza De Gasperi, schräg gegenüber dem
öffentlichen Parkplatz am See

Am Abend

Alì Babà westlich ■ a 1
Seit den sechziger Jahren »die« heiße
Disko Limones; aus dieser Zeit stam-
men auch die beiden großen Tanz-
flächen und die roten Samtsessel.
Hotel Saturno; Via Einaudi

Enoteca Gato Boracho ■ a 1
Einladende Weinstube für Nachteulen, mit Degustation. Jeden Donnerstag Livemusik.
Via Caldogno, I/I; Tel 03 65/91 40 10

Jacky Bar westlich ■ a 2
Von der Terrasse am Lungolago genießt
man bei einem Drink auch nach Sonnenuntergang gern den Blick auf die Fla-
nierer, mit dem See als Hintergrund.
Gegenüber vom neuen Hafen

Service

Auskunft
Azienda di Promozione Turistica
(APT) ■ a 1
Via Comboni 15, 25010 Limone;
Tel. 03 65/64 13 30, Fax 03 65/95 46 89;
April–Sept. Mo–So 8.30–12 und außer So
14.30–18 Uhr (sonst So geschl.); Änderun-
gen möglich

Medizinischer Notdienst für
Touristen
Tel. 03 65/95 45 16

Seefahrten
Tgl. Motorboote nach Riva, Malcésine und Sirmione.
Taxi Boat Navitur »Peroni« Tel. 03 65/
95 42 10; »Limone Jet« Tel. 03 65/95 47 02

Taxi
Tel. 03 65/95 42 99 und 03 65/95 45 88

Ziele in der Umgebung

Campione del Garda
■ E 5, S. 119

Ein 250-Seelen-Dorf, 11 km nördlich
von Gargnano und 6 km südlich von
Limone, noch im Besitz einer großen
Baumwollweberei. Heute zieht dieses schlichte Dorf vor allem Segler
und Surfer an, die abseits vom Rummel unter sich sein wollen. Hier
findet jedes Jahr im Sommer die berühmte Regatta **Campionato del
Garda** statt. Großartige, steilabfal-
lende Felswände.

Madonna di Monte Castello
■ D 5, S. 119

Diese Wallfahrtskirche (691m) bietet
einen der spektakulärsten Weitblicke
auf den Gardasee und die gegenüberliegende Baldo-Bergkette. Man
erreicht sie über die Gardesana-
Straße in südlicher Richtung. Vor
dem ersten Tunnel Richtung Gargnano führt eine Straße rechts nach
Gardola bis zur **Hochebene von Tignale** hinauf. Von dort aus gelangt man
in fünf Autominuten zur Kirche (das
letzte Straßenstück mit einer Stei-
gung von 25% ist eng). Bemerkens-
wert sind in der Kirche die »Krönung
der hl. Maria«, ein **Fresko** aus der
Schule Giottos (hinter dem prunkvoll
vergoldeten Hochaltar) und die vier
ovalen Kupfertafeln von Palma il
Giovane (16. Jh.).
19. März–31.Okt. tgl 9–18 Uhr, sonst geschl.

Tremósine   ■ C 4, S. 116

Eine Gemeinde von 17 Dörfern (mit durchschnittlich 100 Einwohnern pro Ortschaft) auf 2000 m Höhe am Berghang südwestlich von Limone gelegen. **Pieve** ist mit seinen engen Gassen und den vielen Blumen auf den Balkonen vielleicht das hübscheste alte Dörflein. Man erreicht es über die Gardesana-Straße, zweigt in Richtung Tremósine rechts ab in eine kühne Bergstraße, die sich serpentinenförmig in die Steilwände hinaufwindet.

8

Hotels/andere Unterkünfte

Piccola Italia
Komfort-Ferienvillen.
Via di Mezzema, Pieve di Tremósine;
Tel. 03 65/91 81 41/51, Fax 03 65/91 81 70
★★

Dem Ortspatron Vittorio Olcese wird im »Baumwolldörfchen« Campione del Garda ein ehrendes Andenken bewahrt.

Essen und Trinken

La Forra
Eine Oase mitten im Grünen, neben riesigen Felsschluchten.
Zwischen der Gardesana-Straße und Pieve di Tremósine; tgl. Ostern–1. Okt. ★

Miralago Ⓜ Ⓜ
Terrassen-Restaurant mit atemberaubender Sicht auf Felsen und See. Do geschl. ★

La Rocchetta
Gartenlokal mit Hausmannskost.
Sompriezzo (2 km von Pieve); Di geschl. ★

Malcésines Zauber trifft den Besucher fast unerwartet: Der mittelalterliche Ortskern ist ein Labyrinth mit gemustertem Steinpflaster.

Malcésine ■ F 5, S. 119

3500 Einwohner
Stadtplan → S. 49

Malcésine verbinden Kenner des Gardasees mit der steil zum See abfallenden **Scaligerburg**. Vom Turm bietet sich ein herrlicher Blick auf die Ringmauern der drei Burghöfe und auf den Gardasee. Besonders stimmungsvoll ist die **Piazza Turazza**, ein beliebter Treffpunkt der Frauen des Ortes. Sie sitzen beisammen, sticken und halten ein Schwätzchen. Kinder suchen hier an einem kleinen Brunnen die ersehnte Kühlung. Ein paar Schritte weiter, auf der **Piazza Cavour**, stehen graumelierte Männer im Kreis zusammen und philosophieren mit größter Leidenschaft, bis ihnen dann der Magen knurrt.

Das Ortsbild ist vom Baustil der Venezianer geprägt. Bestes Beispiel dafür ist, zur Seeseite hinaus, die schöne Fassade des **Palazzo dei Capitani del Lago**, die man vom zinnengekrönten Palmengarten aus gut sehen kann.

Obwohl sich die Touristen in der Hochsaison in den engen Gassen drängen, hat Malcésine sich seine Ursprünglichkeit bewahrt – es gibt noch stille Winkel zu entdecken.

Hotels / andere Unterkünfte

Du Lac   südlich ■ b 3
Renovierte Herberge mit neuem Swimmingpool. Vom eigenen Steg kann man aber gleich in den Gardasee springen. Liegt zwischen dem Ortskern und Val di Sogno.
Lungolago 18; Tel.0 45/ 7 40 08 80,
Fax 0 45/7 40 07 88; 71 Betten ★ ★

Excelsior Bay   südlich ■ b 3
Wem es nicht gelingt, ein Zimmer mit Seepanorama zu ergattern, genießt zum Trost an der anderen Front den Blick auf den Swimmingpool und die Vorteile einer Klimaanlage. Die Einrichtung harmoniert mit Himmel und Wasser: Blautöne sind ausschlaggebend. Das Restaurant im Haus lockt mit Fischspezialitäten. Südlich vom Hafen.
Lungolago 13; Tel. 0 45/7 40 03 80,
Fax 0 45/7 40 16 75; 110 Betten ★ ★ ★

Malcésine   ■ a 3
Das Hotel liegt in Hafennähe direkt am See. Etwas altmodisch, dafür ruhig und preiswert. Man sonnt sich auf dem Holzsteg am Wasser.
Piazza Pallone 1; Tel. 0 45/7 43 01 73,
Fax 0 45/6 57 00 73; 98 Betten ★ ★

Maximilian 👪   ■ F 5, S. 119
Ein kinderfreundliches Hotel am Strand. Herrlicher Garten und Terrassen-Restaurant mit Blick auf die Bucht. Hallenbad, Garage.
Val di Sogno, 2 km; Tel. 0 45/7 40 03 17,
Fax 0 45/6 57 01 17; 63 Betten ★ ★ ★

Parkhotel Eden   ■ D 4, S. 117
Neu eröffnetes ultramodernes Hotel. Zimmer mit Balkon, See- und Bergblick. Swimmingpool im Grünen.
Località Navene (5 km von Malcésine, 13 km von Torbole); Tel. 0 45/6 57 01 30,
Fax 0 45/7 40 11 60; 48 Betten ★ ★ ★

Parkhotel Querceto ■ c 1
Eine exklusive Ruhe-Oase am grünen
Abhang des Monte Baldo. Chaletähn-
lich, mit Zimmern im Tiroler Stil.
Küche für gehobene Ansprüche, Wein-
taverne in den Fels gehauen (15
Gehminuten von der Seilbahn-Zwi-
schenstation S. Michele).
Località Campiano 17/19; Tel. 0 45/7 40 03 44,
Fax 0 45/7 40 08 48; 40 Betten ★★★★

Tennis Center Hotel Olivi
■ F 5, S. 119
Hier kommt der Tennisfreund auf sei-
ne Kosten. Mit Swimmingpool, Sauna
und Fitnessraum. Sehr ruhig.
Val di Sogno, 2 km; Tel. 0 45/7 40 04 44,
Fax 0 45/7 40 06 02; 196 Betten ★★★

Vega ■ a 3
Dieses Haus liegt sehr ruhig, direkt
am See. Mit eigenem Garten, Son-
nenterrasse und modern-funktional
eingerichteten Zimmern.
Viale Roma 10; Tel. 0 45/6 57 03 55,
Fax 0 45/7 40 16 04; 35 Betten ★★★

Spaziergang

Ausgangspunkt ist der Hafen. Schräg
gegenüber erinnert in der **Via Goethe**
eine Gedenktafel an die Übernachtung des Dichters am 13./14. Sept.
1786. Wir folgen links der Via Capitanato und sehen linker Hand neben
dem Fremdenverkehrsbüro (Nr. 6–8)
den schönen Palmengarten direkt am
See, am Ende der dunklen Halle des
Palazzo dei Capitani.
   Gleich nach dem Hotel Modena
biegen wir links in die stille **Vicolo
Porto Vecchio** ein und erreichen den
ruhigen alten Hafen. Am Ende dieser
idyllischen Piazzetta steigen wir
rechts die steile Via Borre bis zur
zweiten (namenlosen) Seitengasse
hinauf. Sie führt geradeaus weiter in
die Via Bottura. Am Eck, beim Terras-
sencafé **Le Bistro**, geht es gleich
links weiter hinauf in die sehr hübsche Via Dosso.

Linker Hand, dem Wegweiser
Museo Castello folgend, erreichen
wir die urwüchsige **Piazza Turazza**
und noch weiter rechts oben die
stimmungsvolle **Piazza Cavour**
(wegen des großen Rosskastanien-
baumes in der Mitte vom Volksmund
Piazza dell'Albero genannt). Am Anfang der **Via Porta Orientale** biegen
wir linker Hand gleich wieder in das
Pica-Lof-Gässlein ab.
   Geradeaus weiter unter einem Tor-
bogen (Wegweiser); vor dem letzten
Abzweig nach rechts zur **Burg**, hat
Goethe an dieser Stelle das Schloss
skizziert (siehe Gedenktafel) und dabei seine Verhaftung riskiert. Der
Spaziergang dauert etwa 20 Minuten. Hinweis für die Damen: Stöckel-
schuhe und modisch hohe Absätze
oder Sohlen sind nicht dazu geeignet,
auf dem buckeligen alten Pflaster zu
gehen.

Sehenswertes

Palazzo dei Capitani ■ a 2
Einstiger Sitz der venezianischen
Gouverneure. Die Eingangshalle des
Palais beherbergt ein Fresko aus dem
Jahr 1672 mit den Emblemen der
»Gardesana dell'Acqua«. Der Rats-
saal im ersten Stock ist mit dekorati-
ven Wappen der ehemaligen »Capitani del Garda« und einer schönen alten Holzdecke ausgestattet. Sehr
hübsch ist der kleine Palmengarten
im Hinterhof zum See hinaus. Heute
ist das Gebäude Sitz des örtlichen
Fremdenverkehrsbüros (APT).
Via Capitanato 6–8; zur Zeit wegen Reno-
vierung geschlossen (für eine Besichtigung
des Gartens wende man sich an das APT
links am Eingang)

Pfarrkirche Santo Stefano ■ b 2/b 3
Sonntags nach dem Gottesdienst
trifft sich Jung und Alt auf dem Kirchplatz. Man begrüßt und umarmt sich
und plaudert angeregt miteinander,
wie das in Italien üblich ist.

Scaligerburg ■ a 1

Auf einem Felsvorsprung über dem
3 See thront das imposante **Castello di Malcésine** (13./14. Jh.), das
von 1405 bis 1797 fast ununterbro-
chen in venezianischer Hand war.

Berühmtheit erlangte es aber erst
durch Goethe, den heftige Winde auf
seiner Bootsfahrt von Torbole nach
Bardolino in Malcésine zu einer Zwischenstation zwangen. Beim Zeich-
nen des Schlosses wurde der in Itali-
en damals noch unbekannte Dichter
für einen Spion des österreichischen
Kaisers gehalten, weil die Burg zu jener Zeit als militärische Einrichtung
galt. Vom zinnengekrönten Turm aus
hat man einen herrlichen Rundblick
auf die Dächer Malcésines, auf den
Gardasee bis nach Torbole und Riva.
In der Burganlage befindet sich auch
ein naturwissenschaftliches Museum: das **Museo del Garda e del Baldo** (im Häuschen gleich links vom
Eingang). Sehenswert sind hier u. a.
die Säle der Flora, die mit schönen
Farbfotos die reiche Blumenwelt der
Umgebung zeigen, und die Räume
der Fische, Vögel und Insekten. Ein
weiterer Saal gibt Aufschluss über
die Vergletscherung des Gardasee-
beckens.

In der Burg selbst befindet sich ein
Goethe-Zimmer zur Erinnerung an
seinen Aufenthalt. Weiter oben erreicht man einen hohen Saal mit alten Schiffsmodellen und Fischernet-
zen. Der hintere Raum ist besonders
interessant: Hier wird anhand detaillierter Zeichnungen der heikle
Schiffstransport der venezianischen
Flotte über Land im Jahr 1439 doku-
mentiert. Die Mühe lohnte sich: Nach
mehreren heftigen Seeschlachten gegen die mailändische Flotte der Visconti siegten die Venezianer und
vertrieben damit ihre Feinde endgültig vom Gardasee.
Tel. 0 45/7 40 08 37; tgl. 9–19 Uhr (Sommer),
1. Nov.–31. März nur Sa und So 10–16 Uhr
Eintritt 3 €

Essen und Trinken

Locanda Monte Baldo
nordöstlich ■ c 1
Am Hang des Monte Baldo (572 m)
mit Blick auf den Gardasee. Köchin
Rosa sorgt mit **crespelle al ragù**
(hausgemachte Pfannkuchen mit
Fleischsoße gefüllt) für das Wohl-
ergehen ihrer Gäste.
An der Seilbahn-Zwischenstation San
Michele; Tel. 0 45/7 40 06 12;
Ostern bis Mitte Okt. tgl. geöffnet ★

Mignon ■ a 2
Hierher kommen die Teens & Twens
um ihren Heißhunger mit Spaghetti &
Co. zu stillen. Mitten in der Altstadt.
Via Bottura 9; Tel. 0 45/7 40 13 33;
Mo geschl. ★

Pace ■ a 2
Hier, vor dem verträumten alten
Hafen, genießt man eine exquisite
gegrillte Gardasee-Forelle.
Via Caselle 1; Tel. 0 45/7 40 00 57;
Di geschl. ★

La Voglia ■ F 5, S. 119
Begrüntes Terrassen-Restaurant am
See. Köstlich schmecken hier die gefüll-
ten, frittierten Kürbisblüten.
Val di Sogno; Tel. 0 45/7 40 02 40;
Mo geschl. ★ ★

Einkaufen

Bottega del Vino ■ a 2
Wein in Hülle und Fülle (u. a. Soave,
Chiaretto, Valpolicella).
Corso Garibaldi 19

Consorzio Olivicultori ■ b 1
Diese Ölgenossenschaft verkauft
ausgezeichnetes und preiswertes
Olivenöl aus der Gegend.
Via Navene Vecchia (in der Nähe der Ampel)

Markttag ■ a 2
Jeden Sa 8–13 Uhr auf der großen Piazza
Statuto.

Am Abend

Caffè Porto Vecchio ■ a 2
Man sitzt bei Kerzenschein in feucht-fröhlicher Runde an Holztischen, genießt Italo-Songs und deutsches Bier bis 2 Uhr nachts.
Vicolo Casella 11

Corsaro ■ a 1
Eine Disko mit Schwung, direkt am See (unterhalb der Burg). Bis 3 Uhr nachts wird nach New-Beat- und Acid-House-Music wild getanzt.
Via Paina 17

Dream Pub
Rock 'n' Roll-Treff mit Bier- und Imbissstube. Livebands ab 21.30 Uhr.
Loc. Preera 29

Piazza Marconi ■ a 2
Beliebter Treffpunkt der Jugend sind die Cafés an dieser stimmungsvollen Piazzetta um den Hafen herum.

Rock Caffè
Neues Lokal mit Atmosphäre, für Rockfans. Bis 3 Uhr nachts.
Vicolo Portichetti 18

Service

Auskunft

Azienda di Promozione Turistica (APT) ■ a 2
Via Capitanato 6–8, 37018 Malcésine;
Tel. 0 45/7 40 00 44, Fax 0 45/7 40 16 33;
Mai–Sept. Mo–Sa 9–13 und 15–19,
So 9–13 Uhr; sonst Mo–Sa 9–13 und Mo, Mi, Fr, Sa auch 15–18 Uhr, So geschl.

Medizinischer Notdienst
■ F 5, S. 119

Tel. 0 45/7 40 11 25 oder »Istituto Chirurgico Ortopedico« (Orthopädisches Krankenhaus) in Val di Sogno. Tel. 0 45/6 58 93 52

Seefahrten
Tgl. Motorboote nach Riva, Limone
und Sirmione.
– Taxi Boat Peroni; Tel. 0 45/7 40 09 27
– Boat Service Salier
Tel. 0 45/7 40 09 37

Seilbahn zum Monte Baldo
■ b 1
(Bergstation Bocca Tratto Spino,
1752 m)
Tgl. alle halbe Stunde, im Sommer
8–18.45 sonst 8–17.45 Uhr; Preis hin und
zurück 10 €

Ziele in der Umgebung

Brenzone
■ E 6, S. 119

Eine aus sechs Dörfern bestehende
Gemeinde (Assenza, Porto, Magu-
gnano, Marniga, Castelletto, Castello) südlich von Malcésine. Von
Castelletto aus führt ein schöner,
15-minütiger Spazierweg durch Oli-
venhaine bis zur Ortschaft Biazza

hinauf. Castello, der abgeschieden-
ste Ort, liegt am Monte Baldo.

Cassone
■ E 5, S. 119

Das nächste Dorf nach Malcésine in
Richtung Süden. Malerisch und etwas
verwinkelt. Von dort erreicht man in
einem anderthalbstündigen Spaziergang steil bergauf die **Eremo dei SS.
Benigno e Caro**, eine Einsiedelei auf
830 m Höhe. Besonders schön ist
hier der Blick auf den Gardasee und
auf Cassone.

Orto Botanico
■ F 6, S. 119

Dieser am Hang des Monte Baldo angelegte »Botanische Garten« auf
1232 m Höhe begeistert Blumen-
freunde aus aller Welt. Auf über 2 ha
großen Wiesen gedeihen rund 600
verschiedene Alpenblumen.
Novezzina bei Ferrara di Monte Baldo;
Tel. 0 45/6 24 70 65 und 0 45/6 26 02 28;
Mai–Okt. tgl. 9–18 Uhr; Besichtigung mit
Führung 1,50 €, ohne Führung 1 €

*Das Wahrzeichen von Malcésine: Die Scali-
gerburg aus dem 13. und 14. Jahrhundert
erzählt Geschichten aus einer großen
venezianischen Vergangenheit.*

Den Glanz vergangener Zeiten

spürt man heute noch in Riva. Anfang dieses Jahr-
hunderts kamen Reisende aus ganz Europa in das
Städtchen am Nordufer des Sees.

Riva ■ D 3, S. 117

14 000 Einwohner
Stadtplan → Klappe hinten

Thomas Mann besuchte hier seinen
Bruder. Nietzsche schaute von seinem
Hotel Sole auf den alten Apponale-
Turm und träumte davon, dort als Ere-
mit seine Tage zu beschließen ...

Bis zum Ende des Ersten Weltkrieges gehörte dieses nach Desenzano zweitgrößte Städtchen am
Gardasee zu Tirol; seit 1919 ist es
italienisches Gebiet. Hier und auch
im benachbarten Arco herrscht noch
heute – genau wie damals – eine
reizvolle Mischung aus österreichi-
schem und italienischem Flair. Riva
ist ein idealer Urlaubsort für Sportler,
vor allem für Segler, Surfer, aber
auch für Free-Climbers und Kletter-
fans.

Die hübsche – an vielen Ecken malerische – Altstadt lädt zum Bummeln
ein. Es gibt schicke Mode-Boutiquen
und schöne Schuhgeschäfte. Souve-
nirläden finden weniger Anklang als
in anderen Orten am Gardasee. Das
spricht für Rivas Publikum, das sich
in letzter Zeit zunehmend verjüngt
hat.

Hotels/andere Unterkünfte

Bellavista ■ b 2
Direkt am See gelegen; modern ein-
gerichtete Zimmer (auch 32 Ferien-
wohnungen). Ganzjährig geöffnet.
Piazza C. Battisti 4; Tel. 04 64/55 42 71,
Fax 04 64/55 57 54; 76 Betten ★★★

Grand Hotel Riva ■ b 2
Liegt genau gegenüber der Burg im
Ortskern. Renoviertes Hotel mit wun-
derschönem Blick vom Panorama-
Restaurant (ein Tipp: Bestellen Sie
einen Tisch im Mansardenraum –
direkt unter dem Dach). Sonnenter-
rasse und Privatstrand.
Piazza Garibaldi 10; Tel. 04 64/52 18 00,
Fax 04 64/55 22 93; 167 Betten ★★★

International Hotel Liberty ■ c 1
Der Name sagt es schon: eine gemütliche Art-déco-Villa mit einigen Räu-
men im Stil jener Zeit und weiteren
modern eingerichteten Zimmern. Hallenbad und Garten.
Viale Carducci 3; Tel. 04 64/55 35 81,
Fax 04 64/55 11 44; 164 Betten ★★★

Du Lac et du Parc M M
südöstlich ■ c 1
Das exklusivste Hotel in Riva mitten
in einer 70 000 qm großen Parkanlage mit Palmen, Pinien und kleinen
Seen. Im Park stehen außerdem
33 Bungalows für 2 bis 5 Personen,
mit Kochnische.

Die Zimmer im Hotel sind geräu-
mig und gemütlich eingerichtet,
Küche und Service erstrangig. Den
Gästen stehen ein Frei- und ein Hallenbad, zwei Tennisplätze, Fitnessraum, Solarium, Sauna, eine Surf-
und Segelschule (»Mistral«) zur Verfügung. Organisiert werden u. a.
auch Mountainbike-Ausflüge.
Kosmetikerin im Haus.
Viale Rovereto 44; Tel. 04 64/55 15 00,
Fax 04 64/55 52 00; 457 Betten ★★★★

Lido Palace ■ c 2
Vornehm im Stil eines Schlosshotels eingerichtet. Diese rosafarbene Villa hat geschmackvoll ausgestattete Zimmer mit Blick auf den See oder – zur anderen Seite – auf den Swimmingpool im Garten. Öffentliche Tennisplätze liegen gleich nebenan.
Viale Carducci 10; Tel. 04 64/55 26 64, Fax 04 64/55 19 57; 126 Betten ★★★★

Parc Hotel Flora südöstlich ■ c 1
Hübsches, modernes Hotel. Einige Zimmer mit Fenstern zur ruhigen Gartenseite. Swimmingpool von Palmen umgeben. Eigene Eisdiele!
Viale Rovereto 54; Tel. 04 64/55 32 21, Fax 04 64/55 44 34; 74 Betten ★★★

Sole ■ b 2
Liegt in der Altstadt direkt am Wasser. Komplett renoviert. Ideal auch für ältere Gäste und Gehbehinderte.
Piazza 3 Novembre 35; Tel. 04 64/55 26 86, Fax 04 64/55 28 11; 132 Betten ★★★

Jugendherberge ■ b 1/b 2
Ostello della Gioventù Benacus
Die einzige Einrichtung dieser Art am See liegt im Ortskern Rivas.
Piazza Cavour 9; Tel. 04 64/55 49 11, Fax 04 64/55 65 54; 67 Betten (41 für Herren, 26 für Damen)

Spaziergang

Ausgangspunkt unseres Spaziergangs ist das Fremdenverkehrsamt (**Azienda di Promozione Turistica**) in der Nähe des Seeufers. Wir folgen dem Kanal um die Stadtburg **Rocca** bis zur Burgbrücke. Dann geht es rechts in die Geschäftsstraße Via Gazzoletti, bis wir auf den **Apponale-Turm** an der **Piazza III Novembre** stoßen. Ihm gegenüber steht der **Palazzo Municipale**, unter dessen Arkaden rechts eine alte rabbinische Gedenktafel an die dort früher ansässige Buchdruckerei erinnert. Rechts führt uns die malerische Via Fiume bis zum Stadttor **San Marco** hinauf. Wir aber biegen kurz davor rechts in die alte Fußgängerstraße Via Diaz ab, die in die Via Disciplini mündet. Verschnaufpause im **Caffè Italia** auf der linken Seite am Ende der Straße. Uns zur Rechten liegt das linke Seitenschiff der Kirche **Santa Maria dell'Assunta**. Wir gehen in Richtung Santa Maria bis zum **Caffè Maroni**, einem beliebten Treffpunkt der Einheimischen. Ein paar Schritte weiter, schräg gegenüber in der Via Santa Maria, verlockt vor allem abends das efeuberankte Lokal **Pub & Piano Bar all'Oca** zu einem Longdrink.

Am Ende dieser Gasse führt links die Via Florida hinunter zum hübschen Marktplatz **Piazza delle Erbe**. Man beachte gar Rechten das **Palazzo Bettinazzi** mit seinen blauen Freskenverzierungen unter dem Dach. Links, am Ende der Via Maffei/Ecke Piazza Garibaldi, sind der balkonreiche **Palazzo Armani** und der gegenüberliegende herrschaftliche **Palazzo Lutti** (Nr. 5) sehenswert. Unser Stadtrundgang endet vor der Burg. Wer abschließend noch unter Magnolienbäumen schlendern will, geht die **Viale della Liberazione** (»Viale delle Magnolie«) weiter hinunter. Der Spaziergang dauert etwa 45 Minuten.

Sehenswertes

Bastione
Die venezianische Festung, 1508 auf dem steilen Hang des Monte Rocchetta, dem Hausberg Rivas, errichtet, bietet einen besonders schönen Ausblick auf den Ort und den See (20 Min. zu Fuß). Von Riva aus ist sie abends, hell angestrahlt, am besten zu sehen.

Chiesa dell'Inviolata ■ b 1
Barockkirche aus dem 17. Jh. mit achteckigem Tambour. Schlicht das Äußere, bombastisch das Innere mit stuckreichen Verzierungen und prunkvollem Hauptaltar.

Zwischen Viale Roma und Viale Baruffaldi; tgl. 8–18 Uhr

Chiesa di Santa Maria dell'Assunta ■ b 2

Barockkirche aus dem 18. Jh. Beachten Sie »die Schmerzensmutter«, das Hauptwerk des Giuseppe Craffonara (1792–1837), eines einheimischen Malers (am vierten Altar links).
Tgl. 8–18.30 Uhr

Palazzo Municipale ■ b 2

Das Rathaus, 1475 bis 1482 von den Venezianern errichtet, ist durch den Bogen des Stadttores Porta Bruciata mit dem Palazzo Pretorio verbunden. Das Pretorio entstand 1370 unter Cansignorio della Scala. An beiden Fassaden sieht man die Wappen der Republik Venedig und des Fürstbistums Trient, in den Arkaden die Gedenktafel des Rabbiners Jacopo da Marcaria (16. Jh.).
Piazza III Novembre

Piazza III Novembre ■ b 2

Hübscher Platz am alten Hafen, mit Bogengängen aus dem 14. Jh.

Rocca ■ b 2

Die Stadtburg direkt am See wurde 1124 errichtet, im Laufe der Zeit erweitert, umgebaut und renoviert. Heute ist hier das Stadtmuseum untergebracht.
Piazza Cesare Battisti

Torre Apponale ■ b 2

Der Apponale-Turm, 1220 als Teil der früheren Stadtmauer erbaut, wurde erst 1555 auf 34 m »aufgestockt«. Auf dem Turmdach dreht sich im Wind ein Blech-Engel, das Wahrzeichen Rivas.
Piazza III Novembre

Museen

Museo Civico ■ b 2

Das Stadtmuseum befindet sich in den drei Stockwerken der Rocca (Stadtburg) und beherbergt in seinen

Sälen eine Pinakothek (italienische Malerei des 16.–18. Jh.) und u. a. interessante Exponate zur Stadtgeschichte sowie Funde aus dem Bereich der Archäologie und Mineralogie. Sehenswert sind auch die Waffen aus dem Risorgimento.
Tel. 04 64/57 38 69; Di–So 9–12.30 und 14–17.30 Uhr, Juli–Aug. Di–Sa 16.30–22.30, So 10–12 und 14.30–17.30 Uhr, Mo geschl.; Eintritt 2 €

Essen und Trinken

Bastione ■ a 1/b 2

Ein schlichtes, preiswertes Lokal. Probieren Sie aus der trentinischen Küche die **strangolapreti** (Brot- und Spinat-Klöße).
Via Bastione 19; Tel. 04 64/55 26 52; Mi geschl. ★

Bar Italia ■ b 2

Hier trifft sich die Jugend aus aller Welt (die Jugendherberge befindet sich gleich links nebenan) zum Cappuccinotrinken und oft auch zum Anbandeln.
Piazza Cavour 8

Caffè Maroni ■ b 2

Traditionstreff der älteren Generation (auch als Stippvisite zum Telefonieren: Telefonzellen im Lokal).
Via Santa Maria 2

Gelateria Eta Beta ■ b 2

Das beste Eis (und Sorbet) Rivas!
Via Disciplini 14

La Montanara ■ b 2

Schlichtes Esslokal mit ungeahnten Köstlichkeiten (z. B. Pferdefilet in Cognacsauce mit Steinpilzen). Hervorragend sind auch die Pasta-Spezialitäten und die Gemüsesuppe.
Via Montanara 20; Tel. 04 64/55 48 57 Mi geschl. ★

Pizzoteca 👫 ■ b 1

Den Einheimischen schmeckt die Pizza derzeit hier im Garten am besten.

Die Pizzeria ist preiswert und besonders kinderfreundlich.
Viale Baruffaldi 1a (hinter der Kirche Inviolata); Tel. 04 64/52 04 00; Mi geschl. ★

La Rocca ◼ b 2
Ein Veranda-Restaurant in der Burg.
Empfehlenswert ist die gegrillte Lachsforelle.
Piazza C. Battisti; Tel.04 64/ 55 22 17; Mi geschl. ★★

San Marco ◼ b 1
Ein supermodernes Restaurant mit riesigem Vorspeisen-Buffet aus Meeresfischen und -früchten.
Viale Roma 20; Tel. 04 64/55 44 77; Mo geschl. ★★

Villa Negri Ⓜ ◼ a 2
Seit 2000 hat der Gardasee einen neuen Stern am Gourmet-Himmel. Auch raffinierte Köche können hier dazulernen: höchst »sophisticated« und innovativ die eigenen Kreationen – von knusprigen Dinkel-Lasagne mit Pecorino-Sauce bis zur Mascarpone-Gianduia-Terrine samt Bitterschokoladenguss. Durchgestylt piekfeines Ambiente hoch über dem See. Auf der Terrasse über dem Restaurant: Grill-Bistrot für das flachere Portemonnaie. Motorisierte Abholung auf Abruf.
Via Bastione 31/35; Tel. 04 64/55 50 61; Mi geschl. ★★★★

Al Volt ◼ b 2
Ein rustikal-elegantes Schlemmerlokal mit weiß getünchtem Gewölbe. Unschlagbar sind hier die zarten **gnocchettoni** (Käse-Nockerln), vom kreativen Küchenchef Maurizio zubereitet.
Via Fiume 73; Tel. 04 64/55 25 70; Mo geschl. ★★

Einkaufen

Bettini Moda ◼ b 1
Schicke Damenmode.
Viale Dante 64

Danti ◼ b 2
Für die modebewusste Frau.
Via Mazzini 9

Grit's ◼ b 2
Schuhe aus feinstem Leder.
Piazza Cavour 4

Lega anti-analcoolica ◼ b 2
In diesem Schnapslabor – wörtlich »Anti-alkoholfreier Bund« – werden über 100 selbst gebrannte Schnapssorten (zum Teil mit eingelegten Früchten) wie auch naturbelassener Honig und Olivenöl angeboten.
Via Santa Maria

Märkte ◼ b 2
Jeden Tag von 8 bis 13 Uhr werden Obst und Gemüse auf der Piazza delle Erbe verkauft. Fr: Blumenmarkt. Juni–Sept: jeden zweiten und vierten Mi des Monats ganztags Stände mit Bekleidung in der Viale Dante, der Parallelgasse Viale Pilati und der Querstraße Via Prati.

Patrizia Sartori ◼ b 2
Gehört zu den elegantesten Mode-Boutiquen Rivas.
Via Fiume 67

Am Abend

Café Latino ◼ b 2
Auf der Tanzfläche dieser Edeldisko sind die jungen Italiener bis 4 Uhr morgens fast unter sich.
Via Monte Oro

Pub all'Oca ◼ b 2
Schicker In-Treff von 5 Uhr nachmittags bis 2.30 Uhr nachts.
Via S. Maria 9

Tiffany ◼ b 2/c 2
Disko mit aktueller Pop-Musik. Do und So: Livemusik aus den sechziger Jahren im Freien.
Spiaggia degli Olivi

Oben: Der Besuch einer Pizzeria gehört nicht nur in Riva zum Pflicht-programm.

Mitte: Rivas idyllische Lage am See begeisterte schon Philosophen wie Nietzsche und Dichter wie Kafka.

Unten: So manche prachtvolle Palazzo-Fassade in Riva verströmt noch immer den Hauch des Mondänen, lässt den Glanz vergangener Zeiten auch heute erahnen.

Service

Auskunft

Azienda di Promozione
Turistica (APT)   ■ c 2
Giardini di Porta Orientale 8, 38066 Riva;
Tel. 04 64/55 44 44, Fax 04 64/52 03 08;
Juni–Sept. Mo–Sa 9–12 und 15–18.30 Uhr,
So 10–12 und 16–18.30 Uhr, April–Mai und
Okt. Mo–Sa 9–12 und 18.15 Uhr (So. geschl.)

Autofähre
Von Riva nach Desenzano (am süd-
westlichen Seeufer). Zweimal am Tag
hin und zurück
Info Navigarda, Piazza Catena;
Tel. 04 64/55 26 25

Ziele in der Umgebung

Arco   ■ E 2, S. 117

Ein 5 km landeinwärts von Riva ent-
fernter hübscher Luftkurort, abseits
vom Rummel. Vom Turm der renovier-
ten mittelalterlichen Burg genießt man
den Panoramablick auf Riva und den
See. Es wurden Fresken und Original-
fußböden entdeckt (tgl. 10–16 Uhr, im
Frühjahr und Sommer bis 19 Uhr). Eintritt: 2 €. Die Villa des österreichischen Erzherzogs Albert liegt am Anfang der Straße (linker Hand), wenn
man zur Burg hinaufgeht. Die gelbe
Villa ist leider nur von außen zu sehen. Der **Parco Arciducale**, Erzherzög-
licher Park, liegt gleich daneben mit
einem kleinen exotischen Garten
(tgl. 8–19 Uhr).

Sportfreunde, die in der ersten
Septemberhälfte nach Arco kommen,
haben vielleicht das Glück, bei den
Rock Masters, den Weltmeisterschaf-
ten im Freeclimbing, dabeisein zu
können und in der »Free Master Bar«
Giannis Pracht-Cappuccino zu gou-
tieren (Auskunft erteilt das APT von
Arco, Tel. 04 64/53 22 55).

Hotels/andere Unterkünfte

Palace Hotel Città
Ganz auf Makrobiotik eingestellt.
Viale Roma 10; Tel. 04 64/53 11 00,
Fax 04 64/51 62 08; 154 Betten ★ ★ ★

Villa delle Rose
Ruhiges Hotel in gepflegtem Garten.
Großräumige Zimmer, Klimaanlage,
Garage; Frei- und Hallenbad, Sauna,
Solarium. Restaurant mit erstklassi-
ger Küche und Bedienung.
Via S. Caterina 4; Tel. 04 64/51 90 91,
Fax 04 64/51 66 17; 154 Betten ★ ★ ★

Essen und Trinken

Cantina Marchetti ⓜ
In der Altstadt von Arco liegt dieser
echte Weinkeller aus dem Jahre 1550
mit Freskengewölbe, Riesenkamin
und Biergarten.
Piazza Marchetti; Mo geschl. ★

Alla Grotta 👫
Besonders bei Surfern ist diese urige
Taverne im österreichischen Speck-
stuben-Stil beliebt.
Via Monte Brione (Wegweiser »San Giorgio«,
zwischen Riva und Torbole); Mi geschl. ★

La Lanterna
Rustikal-elegantes Lokal, einsam in
der Natur gelegen, umgeben von Ap-
felbäumen und Kiwiplantagen.
2 km von Arco; Di geschl. ★ ★ ★

Alla Lega
In den zwei Sälen aus dem 16. Jh. mit
Freskendekoration werden Spezia-
litäten aus dem Trentino angeboten.
Altstadt; Mi geschl. ★

Einkaufen

Madonna delle Vittorie ⓜ
Landwirtschaftsbetrieb, der erlesene
Qualitätsweine des Trentino produ-
ziert und verkauft
Azienda Agricola Mandelli, Via Linfano 81

Canale di Tenno

■ D 2, S. 117

Ein Stück Toskana im Trentino: bezaubernde mittelalterliche Mini-siedlung. Die urigen Bauernhäuser sind inzwischen zur Hälfte renoviert und von Künstlern bewohnt. Es gibt auch ein Künstlerhaus (**Casa degli Artisti**), in dem im Sommer meist diverse Kunstausstellungen stattfinden.

Hotels/andere Unterkünfte

Clubhotel Lago di Tenno M
Hoch über dem Tenno-See mit vielen Sportangeboten (u. a. drei Tennis-plätze und Swimmingpool) und sehr guter Küche.
Tel. 04 64/50 20 31, Fax 04 64/50 21 01; 84 Betten ★★★

Museen

Bauernmuseum
Mit traditionellen Gerätschaften.
Canale di Tenno, 10 km nordwestlich von Riva; Tel. 04 64/50 08 48; Juni und Sept. Sa, So 15–19 Uhr, Juli und Aug. tgl. 10–12 und 15–19 Uhr; Eintritt frei

Molina di Ledro

■ C 3, S. 116

Kleiner Ort am idyllischen Ledro-See. Für Surfanfänger die ideale Alternative zum – oft überfüllten – Gardasee.

Museen

Pfahlbauten-Museum 👫
Besonders interessant. Draußen steht ein rekonstruierter Pfahlbau am Wasser.
Molina di Ledro, am Seeufer; 16. Juni–9. Sept. tgl. 10–13 und 14–18 Uhr, sonst 9–13 und 14–17 Uhr, Mo geschl.; Eintritt 1,50 €

Essen und Trinken

Rifugio al Faggio
Unser kulinarischer Tipp auf 1000 m Höhe: Risotto mit Steinpilzen in diesem einsam gelegenen Chalet im eleganten Bauernstuben-Stil.
Wegweiser, Val di Concei; Tel. 04 64/59 11 00 ★★

Monte Brione

■ E 3, S. 117

Vom Gipfel dieses Aussichtsberges (374 m) liegt einem der Gardasee zu Füßen (gleich vor dem Tunnel in Richtung Torbole links abbiegen. Nach 2 km bergauf, rechts den Schotterweg bis zum österreichischen Fort hinauffahren).

Pregàsina

■ D 3, S. 117

6 km in Richtung Limone über die Ponale-Serpentinen-Straße erreichen Sie dieses 532 m hoch gelegene Dörflein mit Blick auf Torbole und auf die Brenta-Dolomiten (zur Wegstrecke: → Routen und Touren, S. 96). Panorama-Tipp: Halten Sie kurz vor Pregàsina bei der Madonnastatue an.

Varone-Wasserfall (Grotta Cascata)

■ D 2, S. 117

Aus nächster Nähe kann man ganz oben und auch unten an einer Brüstung beobachten, mit welcher Geschwindigkeit und Wucht ein fast 100 m hoher Wasserfall in die düstere, cañonartige Felsenschlucht bis zum Fluss Varone hinunterschießt – ein unvergessliches Naturerlebnis. Die beste Zeit für diesen Ausflug liegt zwischen 10 und 12 Uhr (Pullover oder Regenmantel mitnehmen). Westlich von Varone gelegen und nur 3,5 km von Riva entfernt; Mai–Aug. tgl. 9–19 Uhr, April und Sept. tgl. 9–18 Uhr, März und Okt. tgl. 10–12.30 und 14–17 Uhr, Nov.–Feb. nur an Sonn- und Feiertagen (gleiche Öffnungszeit); Eintritt 3,50 €

EXTRA: SPORT UND STRÄNDE

Die Palette der Sportmöglichkeiten am Gardasee und in seiner Umgebung ist breit gefächert und erstreckt sich dank der Skisaison sogar auf das gesamte Kalenderjahr. In den Hügeln und Bergen der West-, Nord- und Ostküste gibt es unbeschränkte Möglichkeiten zum Wandern und Klettern. Mountainbike-Touren an den Abhängen sind besonders populär; es fehlt aber auch nicht an Reitpfaden. Die Zahl der Golfplätze ist in stetigem Anstieg. Wassersport wird natürlich überall an der Küste groß geschrieben. Schwimmen ist in den sauberen Gewässern praktisch ohne Einschrän-

Jeder kommt hier auf seine Kosten, der etwas Gutes für seine Fitness tun will.

kung möglich. An der Südküste ist das Ufer flach und kinderfreundlich, dann fällt es, nach Norden hin, immer stei-

ler ab. Zum Segeln und Wasserskifahren ist die weite Seefläche geeignet. Wind- und Wasserverhältnisse machen aus dem nördlicheren Teil des Sees ein Surfparadies.

Angeln

Bevor man zum Angeln geht, muss man eine Angelgebühr (**Tassa per la pesca**) von ca. 8 € beim Postamt einzahlen (für 3 Monate gültig). Die besten Angelplätze liegen bei Sirmione, Salò und Toscolano. Forellen fängt man bei Toscolano im gleichnamigen Wildbach.

Forellenfischen
Maina; Information bei APT (→ Auskunft, S. 104) oder Signor Fiorenzo; Tel. 0365/641760

Golf

Arzaga Golf Club
→ MERIAN-Tipp, S. 61

Ca'degli Ulivi ■ D 8, S. 119
(27 Löcher)
Marciaga bei Garda; Tel. 0 45/7 25 64 97

Circolo del Golf M ■ C 6, S. 118
(9 Löcher)
Bogliaco (Wegweiser); Tel. 03 65/64 30 06

Gardagolf Country Club
■ B 9, S. 120
(27 Löcher)
Soiano del Lago, zwischen Salò und
Desenzano; Tel. 03 65/67 47 07

Golfclub Verona
östlich ■ F 11, S. 121
(18 Löcher)
Sommacampagna, südlich von Peschiere;
Tel. 0 45/51 00 60

Klettern und Free-Climbing

An den Felswänden von Arco, Nago,
Riva, Torbole können sich Anhänger
dieser Sportarten erproben.

*Surfen ist unbestritten die Sportart Nummer
eins am Gardasee – nach Torbole etwa kommt
kaum ein Urlauber nur zum Strandfaulenzen.*

Riva Info APT (→ Auskunft, S. 56)
Tel. 04 64/55 44 44

Mountainbike-Fahren

Ideal sind die Berge hinter Limone,
Riva, Torbole und der Monte Baldo
(von Malcésine aus).

Fahrradverleih
3-S Bike Scott Tour
Via Matteotti, 25/b, Torbole;
Tel. 04 64/50 60 77

Carpentari-Sport
Via Matteotti, 16, Torbole; Tel. 04 64/50 55 00

Girelli
Viale D. Chiesa 15–17, Riva;
Tel. 04 64/55 66 02

Green Bike
Fahrrad-Verleih
Via Bastione 71, Riva; Tel. 04 64/55 54 31

Mountainbike-Verleih
Malcésine; Tel. 0 45/7 40 00 89

Mountainbike- und
Vespa-Vermietung
Luigi Tombola, Limone; Tel. 03 65/95 40 51

Vespa-Verleih
Malcésine; Tel. 0 45/7 40 16 83

Reiten

Zu empfehlen sind die hügelige
Landschaft hinter Garda, die Pfade
des Monte-Baldo-Abhanges; schön
ist es auch in den Hügeln von Tremósine oberhalb von Limone.

La Betulla ■ C 4, S. 116
Dieser Landwirtschaftsbetrieb orga-
nisiert Ausritte.
Vesio, 5 km von Pieve di Tremósine;
Tel. 03 65/95 10 22 (reservieren!)

Reitclub Punto Verde ■ E 11, S. 121
Peschiera; Tel. 0 30/9 90 81 77

Reiterhof Rossar 👥 ■ D 8, S. 119
Herrliche Ausritte (auch für Anfänger)
unter deutscher Leitung.
Marciaga bei Garda; Tel. 0 45/7 25 59 43

Toscolano
Via Trento 135; Tel. 03 65/64 41 01

Segeln

Circolo Vela 👥
Kurse nur für Kinder.
Torbole; Tel. 04 64 /50 62 40, 50 53 50

Fraglia Vela e Motore
Via Anelli, Desenzano; Tel. 0 30/9 14 33 43

Nautic Club Riva
Bootsverleih und Segelsurfschule.
Viale Rovereto 132, Riva; Tel. 04 64/55 24 53

Surfen

Unbestrittenes Surfrevier Nr. 1 ist
Torbole, neben Riva, Limone, Malcésine, Torri.

Fanatic Fun Center
Am Seeufer, Torbole; Tel. 04 64/50 53 77

Incontro Sport
Für Anfänger.
Limone; Tel. 03 65/95 41 71

Nautic Club Riva
Riva; Viale Rovereto 132; Tel. 04 64 / 55 24 53

OK-Surf
Gargnano; Tel. 03 65/79 00 12; 1. Mai–30. Sept.

Surfschule für Profis
Capo Reamol, Limone; Tel. 03 65/95 40 40

Vasco Renna
Kurse und Touren.
Colonia Pavese, Torbole; Tel. 04 64/50 59 93
(Sommer), 04 64/55 12 69 (Winter)

Wandern

Am schönsten sind die Höhenwege auf
dem **Monte Baldo**. Herrliche Ausblicke
auf den Gardasee und die umliegenden Gipfel genießt man auch vom
Monte Altissimo aus (von Nago am besten zu erreichen) und von den Bergen
oberhalb von Salò, Toscolano-Maderno, Limone, Riva. Auch das **Hochpla-
teau** von **Tremósine** am Westufer bietet wunderschöne Ausflugsmöglich-
keiten. Eine herrliche Aussicht auf den
See und den Monte Baldo hat man von
Pieve aus, dem Hauptort der Gemeinde Tremósine. Wer ursprüngliche, wilde Gebirgslandschaft liebt, kommt hier
auf seine Kosten. Wanderwege führen
auch zum **Monte Tremalzo** und zum
Monte Tignale. Wer Torri del Benaco
zu seinem Urlaubsort erkoren hat, sollte sich Spaziergänge im »Hinterland«
des Ortes nicht entgehen lassen. Der
üppig bewachsene, von Olivenhainen
durchzogene Berghang lässt auch län-
gere Wanderungen zu. Auf der **Strada
dei Castei**, die von Torri nach Garda
führt, kommt man nicht nur zum Punta
San Vigilio mit der Sirenenbucht – von
hier aus gelangt man auch zum Hang
des **Monte Luppia**. An seinen Felswänden fand man 1964 die ersten und
wichtigsten Felszeichnungen des
Gardasee-Gebietes. Sie stammen aus
der Bronzezeit. Bei Crero, auf halbem
Weg zwischen Torri del Benaco und
Pai, können aufmerksame Urlauber
ebenfalls solche prähistorischen
Kunstwerke entdecken. Oberhalb von
Torri del Benaco, am Ostufer, hinter Albisano und Prada, bietet sich das Gebiet des Bergrückens **Costabella** bis
zum Monte Baldo zum Wandern an.
Wanderkarte beim APT in Garda
und Spaziergangkarte beim APT in
Torri kostenlos erhältlich.
Sechsstündige Wanderungen mit
kostenloser Führung zu einer urigen
Berghütte hinauf organisieren von Li-
mone aus die örtlichen Alpenjäger
Juni–Sept. jeweils am So (Windjacke

und Rucksack mitnehmen). Info APT
(→ Auskunft S. 44).

Die Wanderkarte »Gruppo della
Rochetta« ist in deutscher Sprache
kostenlos beim APT erhältlich
(→ Auskunft S. 56).

Strände

Der über 150 km lange Küstenstrei-
fen, der den Gardasee säumt, besteht
aus feinen und gröberen Kieselstei-
nen. Die Strände sind sehr schmal
und liegen meistens direkt an der
Straße. Hat man ein Sandfleckchen
entdeckt, befindet es sich ganz sicher
vor einem Hotel. Sandstrand ist rar.
Parallel zur Gardesana-Seeuferstraße
gibt es kilometerlange Kieselstrände.
An der Spitze der Halbinsel von Sirmione steigt man am schönen **Grotte
di Catullo**-Strand direkt vom Felsen
ins Wasser. Zum Schwimmen im Tie-
fen muss man aber weit hinaus. Aus
ähnlichem Grund ist der »Del Vo«-
Strand im gleichnamigen westlichen
Ortsteil Desenzanos für planschende
Kinder besonders vorteilhaft.

Al-Cor   ■ E 3, S. 117
Am 500 m langen Strand tummeln
sich Surfbegeisterte aus aller Welt.
Torbole

Baia delle Sirene 👣👣
                ■ CD 8, S. 118/119
Liegt besonders idyllisch am Fuße ei-
nes Olivenhains.
Punta San Vigilio; nördlich von Garda;
Eintritt 7,50 €

Bardolino   ■ D 8, S. 119–E 9, S. 121
Von der Punta Cornicello bis nach
Garda (2 km).

Grotte di Catullo 👣👣   ■ C9, S. 120
Der schönste der vier Strände in Sir-
mione, an der Spitze der Landzunge.
Sirmione

Limone 👣👣   ■ C 4, S. 116
Der ruhigste Strand befindet sich in
der Nähe des Hotels Italia.

Pini-Sabbionistrand   ■ D 3, S. 117
Zwischen Porto S. Niccolò und Punta
Lido.
Riva

Rimbalzello 👣👣   ■ B 7, S. 118
Sehr gepflegter Privatstrand mit
großer Wiese.
Bei Gardone

Toscolano-Maderno 👣👣
                ■ BC, 7, S. 118
Von den drei Stränden ist der schönste am Lungolago Zanardelli.

MERIAN-Tipp

Golfhotel Palazzo Arzaga
Eine Kastanienallee führt
hinauf zum ehemaligen Bene-
diktinerkloster, heute eine Lu-
xusherberge mit feudalen Sa-
lons und freskenverzierten Ge-
mächern (grandios: die Suiten
Nr. 122, 101 und 102). Pracht-
blick auf die traumhaft schön
gelegenen zwei Golfplätze: Gary
Player kreierte 1998 das 9-Loch-
Gelände; Jack Nicklaus II schuf
den zweiten 18-Loch-Platz. Neben einer Golfschule und einem
Club-House-Restaurant kann
sich der anspruchsvolle Gast
u. a. im Thermalbad, Fitness-
center oder in der Edelboutique
regenerieren und verwöhnen.
Ganzjährig geöffnet. Anfahrt:
Autobahn A4 Mailand–Vene-
dig, Ausfahrt Desenzano, dann
Richtung Padenghe und Bedi-
zzole. Adresse: 25080 Carzago
di Calvagese della Riviera. Tel.
0 30/68 06 00, Fax 0 30/6 80 61 68;
www.palazzoarzaga.com
                ■ A 9, S. 120

Vielleicht der italienischste

Ort am Gardasee: In Salò sind auch die meisten Feriengäste Italiener, und ihnen wird nicht nur das übliche »Touristeneinerlei« geboten.

Salò

■ A 8, S. 118

Knapp 10 000 Einwohner
Stadtplan → Klappe hinten

Wenn Sie von San Felice del Benaco in Richtung Norden fahren und plötzlich eine schöne hufeisenförmige Bucht erblicken, dann sind Sie in Salò angekommen. Historiker verbinden mit dem Namen die »Republik von Salò«, denn dieses geschichtsträchtige alte Städtchen war von 1943 bis 1945 Amtssitz der faschistischen Marionettenregierung Mussolinis. Heute macht der Ort mit seinen emsigen Geschäftsgassen, wie die Via Butturini und Via San Carlo, einen sehr lebhaften Eindruck. Wenn auch ein Erdbeben 1901 weite Teile Salòs zerstörte, so zeugen doch noch etliche Häuserfassaden und Palazzi vom architektonischen Einfluss Alt-Venetiens. Italiener suchen in Salò Erholung, kaufen aber auch gern ein, denn hier locken exquisite Läden und elegante Einrichtungsgeschäfte. Das entspricht auch dem Geschmack der exklusiven Kundschaft, die aus den Nachbarorten Gardone und Fasano zum Shopping nach Salò kommt.

Hotels/andere Unterkünfte

Duomo
■ b 2
Direkt an der Seepromenade mit Blick auf den Golf von Salò. Alle Zimmer sind supermodern eingerichtet. Wassermassage, Sauna, Solarium.
Lungolago Zanardelli 91; Tel. 03 65/2 10 26, Fax 03 65/2 10 28; 42 Betten ★ ★ ★

Laurin M
■ b 1
Eine Original-Jugendstilvilla wie im Bilderbuch: Im Speisesaal, der früher ein Ballraum gewesen ist, betritt man Mosaikfußboden, an der Decke hängt ein Lüster aus der gleichen Epoche. Am allerschönsten: ein floreales Deckenfresko von Landi (1905) im gleichnamigen Salon. Swimmingpool und Liegewiese.
Viale Landi 9; Tel. 03 65/2 20 22, Fax 03 65/2 23 82; 66 Betten; im Jan. geschl. ★ ★ ★

Salò du Parc
■ b 1
1992 eröffnetes, ultramodernes Hotel. Alle Zimmer ab 30 qm groß (Teakholz-Fußboden!), mit Balkon und Seeblick. Im 5. Stock: neun Zimmer mit Panzertür und eigenem Fahrstuhl-Schlüssel für VIPs. Swimmingpool am See, Wassermassage, Kosmetikbehandlung.
Via Cure del Lino 4; Tel. 03 65/29 00 49, Fax 03 65/52 03 90; 64 Betten ★ ★ ★

Spiaggia d'Oro
östlich ■ c 1
Direkt am Wasser gelegen, mit eigenem Steg, Swimmingpool, Liegewiese, Garage. Sehr ruhig.
In Barbarano, 2 km von Salò; Tel. 03 65/29 00 34, Fax 03 65/29 00 92; 72 Betten ★ ★ ★

Spaziergang

Unser Spaziergang beginnt an der Porta Carmine und führt bis zur Seepromenade **Lungolago Zanardelli** hinunter. Ein paar Schritte weiter steht etwas versteckt der **Dom**. Wir gehen am Seeufer entlang und erreichen den **Palazzo della Magnifica Patria** mit dem schönen Arkadengang an der **Piazza della Vittoria**. Dahinter beginnt links die »Bummelgasse« **Via Butturini** im Herzen der Altstadt, die in die ebenso geschäftige **Via S. Carlo** übergeht. Gönnen Sie sich unter der Statue des Heiligen, bei **Vassalli**, einen köstlichen Eisbecher. Geradeaus weiter, in der Via Zanelli 11, entdeckt man **Girardi**, einen nach Kaffee duftenden, uralten Tante-Emma-Laden mit einer wunderschönen Fassade. Nach dem Uhrenturm biegen wir gleich links in die **Piazza Vittorio Emanuele II** ab bis zum Seeufer hinunter. Hier gibt es die schicksten Boutiquen, aber man muss dafür auch etwas tiefer in die Tasche greifen. Der Spaziergang dauert etwa 40 Minuten. Versäumen sollte man auch keinesfalls die elegante Seepromenade von Gardone.

Sehenswertes

Convento dei Cappuccini ■ c 1
An dieser Kirche eines Kapuzinerklosters ist vor allem das schöne Portal aus dem Jahre 1456 von Interesse; ursprünglich war es für den Dom vorgesehen.
Im Ortsteil Barbarano, gegenüber vom Palazzo Martinengo links hinauf

Palazzo della Magnifica Patria
Seit dem Baujahr 1524 ist der Palazzo durch den Arkadengang direkt mit dem Rathaus verbunden. Früher tagte hier der Rat »Comunità della Riviera«, heute sind in diesem Gebäude Stadtpolizei und **Museo Civico Archeologico** untergebracht.
Lungolago Zanardelli 52

Palazzo Martinengo ■ c 1
Eine Prunkvilla, 1 km nördlich von Salò, rechts am Eingang zum Ortsteil Barbarano. Seit 1540 sind hier die Generationen der Familie Martinengo ansässig. Das mitten in einem Park

gelegene Schloss ist daher der Öffentlichkeit nicht zugänglich und nur vom See aus in seiner vollen Pracht zu bewundern.
Barbarano, an der Gardesana-Straße

Palazzo del Podestà ■ b 1
Das Rathaus, von Sansovino (1486–1570) entworfen, stürzte beim Erdbeben 1901 ein und wurde vier Jahre später wieder aufgebaut. Besonders hübsch sind die venezianische Fassade und der Arkadengang.
Der Palazzo ist leider nur von außen zu besichtigen.
Lungolago Zanardelli 52

Santa Maria Annunziata ■ b 2
Der Dom von Salò wurde ab 1453 vom Architekten Filippo delle Vacche aus Pavia in spätgotischem Stil erbaut und erst Anfang des 16. Jh. vollendet. Sehr schön sind das Renaissance-Portal aus weißem Marmor von Antonio della Porta (um 1500) an der unverkleideten Ziegelsteinfassade und das Gemälde »Hl. Antonius von Padua«, ein leicht ironisches Werk von Gerolamo da Romano (1486–1560), auch »Romanino« genannt, zwischen der zweiten und dritten Seitenkapelle links. Man beachte besonders die Engel, die sich wie empört vom Stifter abwenden.
Sehr realistisch geschnitzt ist der vor einigen Jahren restaurierte und danach »publikumsnah« in der ersten linken Seitenkapelle untergebrachte Christus am Kreuz: ein Meisterwerk des Johannes Teutonicus (ein deutscher Bildhauer, der sich im 15. Jh. in Torri del Benaco am anderen Seeufer niederließ). Die Expressivität des Gesichts des Gekreuzigten ist wahrhaft erschütternd. Die Adern seines gequälten Körpers bildet eine realistische unter der Farb- und Lackschicht angebrachte Schnur.
Die reich dekorierten barocken Kandelaber am Altar sind auch eine

Besonderheit. Sie wurden nach der Überlieferung aus der Bronze jener türkischen Schiffskanonen gegossen, die Don Juan d'Austria in der Seeschlacht von Lepanto (1571) erbeutet hatte.
Piazza Duomo; Tgl. 8–12 und 15–18 Uhr

Museen

Museo Civico Archeologico ■ b 1
Interessante Funde, u. a. auch Werkzeuge und allerlei Küchengeräte aus einer altrömischen Nekropolis, untergebracht im Palazzo della Magnifica Patria.
Lungolago Zanardelli 52; Tel. 03 65/2 14 23; wird derzeit restauriert.

Museo del Nastro Azzurro ■ b 1
Das »Museum des Blauen Bandes« beherbergt Stiche und Erinnerungen aus der napoleonischen Zeit sowie aus dem Ersten und Zweiten Weltkrieg.
Palazzo Fantoni, Via Fantoni (hinter dem Dom); Tel. 03 65/2 08 04; 15. Juni–15. Sept. So 10–12.30 und 15–19, Mo, Di, Mi, Fr, Sa 16–19 Uhr; April/Mai/Okt. nur an Wochentagen geöffnet

Museo della Repubblica Sociale di Salò ■ a 1
2000 eröffnet; stellt die Zeit der faschistischen Republik von Salò vor.
Vicolo Tomacelli; Tel. 03 65/4 25 18; Fr 18–22, Sa 9–12/16–20, So 10–12/15–17 Uhr

Essen und Trinken

Antica Trattoria alle Rose ■ a 1
Ein verstecktes Lokal für Kenner. »Naturbelassene« italienische Küche.
Via Gasparo 33; Tel. 03 65/4 32 20; Mi geschl. ★★

Bar Italia ■ b 2
Die Einheimischen mögen sie, obwohl die roten Sessel aus Kunststoff und die Lampen in unechtem Jugendstil sind. Am schönsten sitzt man aber auf jeden Fall draußen, am Seeufer.
Lungolago Zanardelli 24

La Campagnola ■ b 1
Köstlich mundet die hausgemachte Pasta.
Via Brunati 11; Tel. 03 65/2 21 53; Di mittags und Mo geschl. ★★

Cantina S. Giustina ■ b 1/b 2
Im kühlen Weinkeller tischt Signor Feter (gebürtiger Hamburger) den himmlischsten Rohschinken auf. Probieren Sie am jungen Weißwein »Lugana – Co'de Fer« dazu – eiskalt serviert!
Salita S. Giustina; Tel. 03 65/52 03 20; nur abends geöffnet, Mo geschl. ★★

Duomo ■ b 2
Direkt an der Uferpromenade.
Tip: Spaghetti mit Meeresfrüchten.
Tel. 03 65/2 10 26; Mo mittags geschl. ★★★

El Pastiser ■ a 1
In dieser beliebten Konditorei geht die Jugend von Salò ein und aus, um die köstlichen Reistörtchen (**risini**) zu genießen.
Piazza Vittorio Emanuele 11

Teatro Vecchio ■ a 1
In dieser rustikalen Kneipe vor der hübschen geschlossenen Piazzetta gleich hinter der Bank verabredet man sich zum Glas Bier.
Piazza Vittorio Emanuele II in Richtung See

Vassalli ■ a 1/b 1
Mitten in der Fußgängerzone unter der Statue des San Carlo genießt man sagenhaft gutes Eis und knabbert **croki**, köstliches Nusskrokant.
Via S. Carlo 86

Einkaufen

Agosti ■ a 1
Die Bäckerei für den Gourmet.
Via Garibaldi 28/3

L'Altro ■ b 1
In diesem modernen Einrichtungsgeschäft beachte man außer den attraktiven Auslagen auch die Fresken-

Oben: Ein wendiges Mofa ist ideal für die engen Altstadtgassen.

Mitte: Salò hat neben seiner hübschen Uferpromenade und dem sehenswerten Dom auch viel Lokalkolorit zu bieten.

Unten: Die Seele und die Beine baumeln lassen.

decke, den schönen Steinfußboden und das beigefarbene Außenportal.
Via Butturini 14

Fratelli Prata ■ b 1
Im modern eingerichteten Geschäft (näher zum Rathaus) finden wir den Feinkostladen schlechthin. Viele Köstlichkeiten – von der Hasen- oder Lachspastete bis zur saftigen **mozzarella di bufala** (Büffelkäse): Diese Feinschmeckerfundgrube ist unerschöpflich.
Via Butturini 20

Markttag
Jeden Sa 8–12.30 Uhr am Parkplatz bei Piazzale Martiri della Libertà am Ortseingang.

Martinetti ■ a 1/b 1
Preiswerte sommerliche Stofftaschen und -koffer.
Via S. Carlo 98

Pasticceria Duomo ■ b 1
Täglich frische Mandelplätzchen.
Via Butturini 24

Tranquilli ■ a 1/b 1
Erlesene Geschenkartikel aus Silber.
Via S. Carlo 60

Vassalli ■ a 1/b 1
In dieser eleganten Konditorei kann man auch kulinarische Mitbringsel gut einkaufen, z. B. hausgemachte Pralinen und Grappa-Sorten.
Via S. Carlo 86

Am Abend

Absolut
Die Disko von Salò schlechthin, für die ganz jungen Freaks.
Am Ortseingang, Richtung Salò;
Tel. 03 65/52 01 60

Estate musicale del Garda ■ b 2
Ein junges Symphonieorchester spielt jeweils im Juli und August klassische Musik auf dem Domplatz (bei Regen im Dom).

Oby One Jazz Club ■ a 1
Nachtlokal für überzeugte Jazzfans.
Viale Brescia; Tel. 03 65/4 00 75

La Torre ■ a 2
In einem Turm (den – so heißt es – Kaiser Franz Joseph im 19. Jh. errichten ließ) direkt am Wasser geht es vor allem am Wochenende hoch her. Bis zu 500 Musik- und Tanzfreunde füllen die zwei Diskos und zwei Piano-Bars. Einige Gäste kommen auf einen Sprung mit dem Motorboot herüber. Einmal muss man hier gewesen sein.
Via Zanardelli 144; Gardone Riviera

Service

Auskunft

Azienda di Promozione Turistica (APT) ■ a 2
Via Pietro da Salò, 25087 Salò;
Tel. und Fax 03 65/2 14 23;
1. Juli–Mitte Sept. tgl. 9–12.30 und 15.30–18.30 Uhr; sonst Mo–Fr 9–12.30 und 15–18, Sa 9–12.30 Uhr
Nebenstelle Gardone: Tel. 03 65/2 03 47

Medizinischer Notdienst
Tel. 03 65/4 03 61
Erste Hilfe, Krankenhaus Salò;
Tel 03 65/29 71

Taxi
Tel. 03 65/4 35 16

Ziele in der Umgebung

Cisano ■ A 8, S. 118

2 km vor San Felice liegt das alte, stille Dorf.

Essen und Trinken

Cantina de la Mirleta
Ein echter Geheimtipp für Pilzliebhaber. Treppen aus rosa Marmor führen zur bedeckten Terrasse mit

Riesengrill oder in den ehemaligen Weinkeller mit Backsteinboden, Lugana- und Chiaretto-Wein fließen direkt vom Fass.
Tel. 03 65/4 16 29; Di geschl. ★ ★ ★

Fasano del Garda
■ B 7, S. 118

Einen Besuch wert ist der 1,5 km nördlich gelegene Ortsteil von Gardone, ein ruhiger, eleganter Erholungsort mit Villen inmitten der üppigen Vegetation, ideal wegen seines äußerst milden Klimas. Während der faschistischen Regierung, d. h. der so genannten »Republik von Salò« 1943 bis 1945, war auch die deutsche Botschaft hier ansässig. Sehenswert – aber leider nur von außen zu besichtigen – ist die Villa Zanardelli (19. Jh.), ein schönes Beispiel der Belle-Époque-Architektur.

Hotels/andere Unterkünfte

Fasano Grand Hotel
100 Jahre altes Hotel mit Tradition, einst Jagdsitz des österreichischen Kaiserhauses. Neu und exklusiv: die renovierte, unter Denkmalschutz stehende Villa Principe mit zwölf Doppelzimmern, Klimaanlage. (Hallenbad, Sauna, Solarium, Fitness-Center sind geplant.) Sandtennisplatz.
Viale Zanardelli 160; Tel. 03 65/29 02 20, Fax 03 65/29 02 21; 130 Betten ★ ★ ★

Villa del Sogno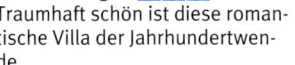
Traumhaft schön ist diese romantische Villa der Jahrhundertwende.
Viale Zanardelli 107; Tel. 03 65/29 01 81, Fax 03 65/29 02 30; 45 Betten ★ ★ ★ ★

Gardone Riviera
■ B 7, S. 118

Ludwig Wimmer, ein deutscher Italienliebhaber, hat Gardone als Erster jenseits der Alpen bekannt gemacht. 1888 ließ er hier für seine Landsleute das imposante Grand Hotel mit 400 Zimmern erbauen, das heutige **Grand Hotel Gardone** (jetzt mit 180 Zimmern). Seitdem zieht dieser noble Bade- und Kurort Besucher aus vielen Ländern an. Auf der eleganten, autofreien Seepromenade erklingt abends Orchestermusik.

Doch seinen Ruhm hat Gardone seit 1921 vor allem dem Dichter Gabriele d'Annunzio (1863–1938) zu verdanken, der sich hier mit dem **Vittoriale** ein monumentales Denkmal setzte.

Hotels/andere Unterkünfte

Grand Hotel Gardone
Gardones traditionelles Nobelhotel.
Am Lungolago d'Annunzio;
Tel. 03 65/2 02 61, Fax 03 65/2 26 95;
303 Betten ★ ★ ★ ★

Montefiori
Das Hotel besteht aus drei Villen.
Via dei Lauri, 8; Morgnana;
Tel. 03 65/29 02 35; 54 Betten ★ ★ ★

Sehenswertes

Fondazione André Heller
Der Arzt Arthur Hruska legte 1910,
nur wenige Minuten von der Prunk-
stätte d'Annunzios entfernt, einen
paradiesisch anmutenden botanischen Garten an. Hier blühen und gedeihen über 2000 verschiedene
Pflanzenarten aus dem Alpen- und
Tropengebiet. Jetzt ist der österreichische Showmann André Heller
Besitzer von Garten und Villa.
Via Roma; 15. März–15. Okt. tgl.
9.30–18.30 Uhr; Eintritt 5 €

Villa Alba
Wer im großen Stadtpark spazieren
möchte, werfe einen Blick auf die
schöne Villa Alba. Dieses klassizisti-
sche Palais wurde für einen Besuch
Kaiser Franz Josephs errichtet, der jedoch nicht mehr dazu kam, dort zu
verweilen. Jetzt zum Kongresszent-
rum umfunktioniert.

Vittoriale degli Italiani
■ B 7, S. 118
Gabriele d'Annunzios »Siegesdenk-
mal der Italiener«, ein riesiger Ge-
bäudekomplex in einem traumhaften
Park, vereinigt Monstrositäten mit
antiquarischen Kostbarkeiten.
Da ist ein Torpedo-Boot und der
Bug des Schlachtkreuzers »Puglia«
aufgestellt, mit dem er an den Kämp-
fen für Fiume teilgenommen hat.
Oder der uralte Fiat, mit dem er in
kriegerischer Mission unterwegs war,
und das Flugzeug, von dem der Dichter im Ersten Weltkrieg über Wien
Flugblätter abgeworfen hat. Wer sich
ein eigenes Bild von dieser schillern-
den Persönlichkeit machen will, sollte das Vittoriale nicht auslassen. Seit
2000 gibt es hier auch ein »Kriegsmuseum«, mit persönlichen Erinne-
rungsstücken d'Annunzios.
Via Vittoriale; Tel. 03 65/29 65 11 und 03
65/29 65 23; Ostern–30. Sept. tgl. 9–20
und im Winter bis 17 Uhr; die Privat-
gemächer des Dichters können tgl. außer
Mo nur mit Führung besichtigt werden;
Eintritt 10 €; nur für Museum und Garten
5 €

Essen und Trinken

Casino M
Im ehemaligen Casino ist ein
schönes Restaurant mit perfektem
Service eingerichtet.
An der Kreuzung zum Vittoriale;
Tel. 03 65/2 03 87; Mo geschl. ★ ★ ★

Isola di Garda ■ B 8, S. 118

Die größte und schönste unter den
sieben Gardasee-Inseln ist fast
1 km lang, 60 m breit und unter der
Wasseroberfläche mit der Halbinsel
San Fermo verbunden. In ihrer ganzen Pracht kann man sie allerdings
nur vom Boot aus bewundern, da sie
sich samt ihrem venezianisch-neogo-
tischen Schloss im Privatbesitz des
Fürsten Borghese-Cavazza befindet.
   Die Vergangenheit der Insel ist
u. a. mit Karl dem Großen verknüpft
– der sie im 9. Jh. den Mönchen
von San Zeno in Verona schenkte –
und mit dem hl. Franz von Assisi, der
hier im Jahre 1220 ein Kloster bauen
ließ.

Manerba del Garda
■ C 9, S. 120

Bis San Felice erstrecken sich die lange Küste und die feinen Kiesstrände
dieses belebten Touristenortes,
10 km südlich von Salò. Von den Ruinen der Burg von Manerba bietet
sich ein prachtvoller Blick auf die In-
seln Conigli und Garda. Bei klarem
Wetter sieht man bis zur Punta San
Vigilio an der Ostküste hinüber. Herrliche Spaziergänge in wilder Natur
bietet die Umgebung des so genann-

ten **Sasso** (Stein), eines Felsplateaus unterhalb der Rocca. Festes Schuhwerk mitnehmen und das Auto in Pisenze oder San Giorgio parken.

Essen und Trinken

Capriccio
Wer gern Fisch isst und eine lauschige Atmosphäre mag, sollte hier speisen, in einem edlen Terrassenrestaurant in freier Natur mit herrlichem Blick.
In Montinelle, unterhalb des Alpini-Denkmals; Piazza San Bernardo 6;
Tel. 03 65/55 11 24 ★ ★ ★

Moniga del Garda
■ B 9, S. 120

Der für Campingfreunde besonders geeignete Erholungsort mit malerischem Hafen liegt im Valténesi-Weinbaugebiet, umrahmt von Olivenbäumen. Ungewöhnlich ist der Innenhof des viereckigen Kastells aus dem 14. Jh.: Innerhalb dieser schützenden Mauern hat sich im Laufe der Zeit ein Mini-Dörflein entwickelt.

San Felice del Benaco
■ A 8, S. 118

Ein Ort mit engen Gassen am Fuße der Halbinsel San Fermo. Sehenswert ist die schlichte Wallfahrtskirche **Madonna del Carmine** (Wegweiser

»Santuario«), etwas außerhalb gelegen. Sie hält für jeden und für – fast – jedes Anliegen den »passenden« Heiligen bereit, der um Schutz und Trost gebeten wird. Die zahlreichen, z. T. sehr gut erhaltenen Fresken kündigen die Wende von der Spätgotik zur Frührenaissance (15./16. Jh.) an. Die Wallfahrtskirche ist täglich von Sonnenauf- bis Sonnenuntergang geöffnet.

San Michele
■ AB 7, S. 118

Eine grüne Hochebene (440 m) eröffnet sich hinter Gardone, zu erreichen in zehn Autominuten über die Vittoriale-Straße von Gardone oder zu Fuß in einer Stunde. Zurück geht es über das Dorf **Serniga** (nur mit dem Auto) mit spektakulärem Weitblick über den See. Für Unermüdliche: Von San Michele sind es zur Pirlo-Hütte auf dem Monte Spino, 1486 m hoch gelegen, etwa 3,5 Std. im Fußmarsch.

Valténesi
■ AB 9, S. 120

Die reizvolle Hügellandschaft mit ihren kleinen und größeren Dörfern liegt, umgeben von Olivenhainen und Weingärten, nördlich von Desenzano. Sehr gute Weine werden in dieser Gegend produziert und verkauft. Der Ausflug ins Hinterland empfiehlt sich aber auch für Spaziergänger.

Grandios: Das Vittoriale degli Italiani schuf Gabriele d'Annunzio zur Verherrlichung seines Vaterlandes.

Schon die Römer priesen Sirmione als Erholungsort, und nach Catull verliehen auch Dante und Carducci ihrer Begeisterung über dieses Städtchen Ausdruck.

Sirmione ■ C 10, S. 120

5600 Einwohner
Stadtplan → Klappe hinten

Sirmiones Lage ist tatsächlich einzigartig. An der Spitze einer 4 km langen, schmalen Halbinsel breitet sich der Ort aus. Eine ehemalige Zugbrücke führt direkt zum alten, autofreien Zentrum und verbindet den Ort – der eigentlich eine Insel ist – mit der lang gestreckten Halbinsel.

Am Ortseingang ragt die beeindruckende und besterhaltene **Wasserburg der Scaliger** empor: Die Festungsanlage mit ihren Zinnen und Zugbrücken, Schießscharten und Fallgittern überstand die 700 Jahre, die sie nun schon existiert, fast unversehrt.

Gleich dahinter beginnt die kleine, sehr malerische und von mediterraner Vegetation umgebene Altstadt, die ehemalige römische Siedlung Sirmio, die nur durch ein einziges geöffnetes Tor zu erreichen ist. In diesem inzwischen bedeutendsten Thermalort der Lombardei kann man Bade- und Kururlaub verbinden.

Die berühmten **Grotten des Catull**, am äußeren Ende eines Felsplateaus gelegen, sind vermutlich die Ruinen einer altrömischen Thermalanlage. In Sirmione hat der gehobene Fremdenverkehr Tradition. Vornehme und vermögende Gäste, die Wert auf Luxus legen und gern unter sich sind, lassen sich in der herrschaftlichen Villa Cortine Palace verwöhnen, einem der Fünf-Sterne-Hotels am Gardasee, in idyllischer Parklage.

Rund 42 Prozent der Urlauber, die jedes Jahr das Städtchen aufsuchen, kommen aus dem Ausland, weit über die Hälfte von ihnen aus Deutschland. Neben dem Schwimmen und Kuren schätzen sie das vielseitige Freizeitangebot. Am Seeufer werden Konzerte und Modenschauen veranstaltet. Auch der Schaufensterbummel macht hier Spaß, vorbei an den eleganten Boutiquen oder auch hinein zum Einkaufen.

Nachteulen, die ausgiebig abtanzen wollen, kommen im benachbarten Desenzano auf ihre Kosten. Unter dem klaren Sternenhimmel Sirmiones liebt man die sanfteren Töne. Die Verliebten atmen den Pinienduft ein, der sie in Seenähe einhüllt.

Doch Sirmiones ganzer Zauber offenbart sich erst in der Vor- oder Nachsaison, wenn man Licht und Farben, Morgen- und Abendröte (fast) für sich alleine genießen kann.

Hotels/andere Unterkünfte

Eden ■ b 3
Gepflegtes Hotel garni mit modern-funktionaler Einrichtung. Vor allem für ein junges Publikum geeignet. Im Dorf an der Schiffsanlegestelle, ums Eck an der quirligen Piazza Carducci gelegen.
Piazza Carducci 17/18; Tel. 0 30/91 64 81, Fax 0 30/91 64 83; 63 Betten ★★

Florida 👪 südlich ■ c 3
Solides Familienhotel. Leider nicht am See, dafür Top-Service. Dazu gehört ein Swimmingpool, und auch den geschlossenen Parkplatz wissen viele Gäste zu schätzen.
Via Colombare 91; Tel. 0 30/91 90 18, Fax 0 30/9 90 42 54; 52 Betten ★★

Fonte Boiola ■ c 3
Renoviertes Hotel mit eigenem Kur-
bad und Garten am See. Gemütlich-
elegant.
Viale Marconi 11; Tel. 0 30/91 64 31,
Fax 0 30/91 64 35; 96 Betten ★★

Grand Hotel Terme M ■ c 3
Außer der luxuriösen Villa Cortine
das einzige Fünf-Sterne-Hotel in Sirmione. Palmen- und Oleandergarten
mit Swimmingpool und Badesteg am
See. Moderne Einrichtung, Thermal-
schwimmbad im Haus, eigener Haus-
arzt. Geräumige Zimmer mit Balkon.
Viale Marconi 1; Tel. 0 30/91 62 61,
Fax 0 30/91 65 68; 113 Betten ★★★★

Du Lac südlich ■ c 3
Preiswertes Hotel an der Landzunge
von Sirmione. Schlichte, aber ge-
pflegte Inneneinrichtung. Veranda-
Restaurant mit Strandbar, neuer
großer Swimmingpool.
Via XXV Aprile 60; Tel. 0 30/91 60 26,
Fax 0 30/91 65 82; 65 Betten ★★

Olivi 👭 ■ a 3/b 3
Ruhig gelegen, mit Swimmingpool im
schönen Garten. Herrliche Sonnen-
terrasse im zweiten Stock mit Wassermassage und Solarium.
Via S. Pietro 5; Tel. 0 30/9 90 53 65,
Fax 0 30/91 64 72; 107 Betten ★★

Sirmione ■ c 3
Sehr geschmackvoll renoviertes Kur-
hotel mit eigener Thermalanstalt.
Gemütlicher Salon mit weichen Ses-
seln. Swimmingpool, Restaurant mit
Garten, direkt am See.
Piazza Castello 19; Tel. 0 30/91 63 31,
Fax 0 30/91 65 58; 137 Betten ★★★

Villa Cortine Palace M M M ■ b 2
Ein Palazzo im wahrsten Sinne, im
19. Jh. in neoklassizistischem Stil erbaut. Er liegt auf einem Hügel in einer
prächtigen Parkanlage mit uralten
Bäumen und tropischen Pflanzen.
Schöne, alte Inneneinrichtung. Im

Speisesaal hängen riesige Murano-
glas-Lüster. Das Mittagessen wird am
Privatstrand (mit Holzkohlegrill) serviert. Abends diniert man im Garten
bei Klaviermusik, umgeben von Palmen und Rosen. Swimmingpool, Tennisplatz, eigener Weg und Steg zum
See. In der Osterwoche und Juli–Sept.
nur Halb- bis Vollpension.
Via Grotte 12; Tel. 0 30/9 90 58 90,
Fax 0 30/91 63 90; 100 Betten ★★★★

Spaziergang

Sie gehen durch das Stadttor in den
Ort, den Burggraben entlang bis zum
Restaurant **Grifone da Luciano** (Wegweiser »Passeggiata panoramica«).
Dann nehmen Sie die Rechtsabzwei-
gung in die Via Dante bis zur **Santa-
Maria-Maggiore-Kirche** (Eingang
links). Geradeaus weiter erreicht
man den von italienischen Müttern
mit Kleinkindern gern besuchten Kie-
selstrand. 👭 Folgen Sie dem Weg,
bis Sie links den prächtigen Park des
Luxushotels **Villa Cortine Palace** mit
seinen Zypressen und Pinien vor Augen haben. 100 m weiter tut sich
plötzlich der Blick auf ein hohes,
grünbewachsenes Felsplateau auf.
Nach dem Holzsteg des »Bionde«-
Strandes führen gleich links Stufen
hinauf zum Olivenhain. Hier können
Sie Platz nehmen und dem Gezwit-
scher der Vögel lauschen. Biegen Sie
dann in die Asphaltstraße rechts ein,
nehmen Sie die erste Straße links,
die durch einen ebenso schönen Olivenhain führt. Die erste Abzweigung
rechts in die **Via S. Pietro** führt Sie
zur gleichnamigen uralten Kirche.
Links an ihr vorbei geht ein Weg bis
zur Villenstraße hinunter. Gehen Sie
bis zum Eingangstor des Parks, in
dem das Nobelhotel Villa Cortine Palace liegt. Dem Tor schräg gegenüber
befindet sich eine ungewöhnlich
hohe, gelbe Villa: Sie gehörte einst
Gian Battista Meneghini, dem Ehe-
mann von Maria Callas. Der Weg

führt geradeaus weiter bis zur Altstadt. Der Spaziergang dauert rund
50 Minuten.

Sehenswertes

Boiola-Quellen ■ a 1
Südlich der Grotten des Catull ent-
springt in 19 m Tiefe und 330 m vom
Ufer entfernt die 69 °C heiße Schwe-
felquelle Boiola. Entdeckt wurde sie
bereits um 1500. Sie speist die zwei
öffentlichen Thermalbäder von Sirmione und die drei mit eigenen Ther-
malbädern versehenen Kurhotels. Die
Heilquelle eignet sich besonders zur
Behandlung rhinogener Gehörleiden
– wer unter dieser Krankheit leidet,
findet in Sirmione das größte Heilzen-
trum Italiens –, aber auch zur
Bekämpfung von Rheuma, Gicht,
Bronchial-, Lungen- sowie Frauen-
leiden. Das Quellwasser wird in den
verschiedensten Formen angewen-
det.

Grotte di Catullo ■ a 1
An der Spitze der Halbinsel liegen
auf dem dritten Hügel die ausgedehnten Ruinen einer riesigen altrömischen Villa (230 m lang und 105
m breit), im Volksmund fälschlicher-
weise als die »Grotten des Catull«
bezeichnet. Die Familie des römischen Liebesdichters (87–54 v. Chr.)
stammt zwar aus dieser Gegend,
und Catull hat Sirmione auch
mehrmals besungen (»Salve, o venu-
sta Sirmio ...«), doch bei dieser Villa
handelt es sich vermutlich um einen
ehemaligen Kaiserpalast aus dem
3. Jh. mit Thermalanlage. Wenn man
die Treppe vom Hügel in Richtung
Strand hinuntergeht, beachte man u.
a. das große Schwimmbecken und
die imposanten Gewölbe. Davor sollte man aber nicht versäumen, die ar-
chäologischen Funde im kleinen Mu-
seumssaal zu besichtigen. Geheimtipp: die lebensnahe Fischfangszene
auf einem Freskofragment.

Tipp: Lustwandeln Sie in der faszinierenden Ruinenlandschaft bei Abend-
stimmung. Spätestens, wenn Sie den
höher gelegenen Olivenhain mit
Rundblick auf den Gardasee
erreichen, wissen Sie, warum ...
Tel. 0 30/91 61 57; März–14. Okt. 8.30–19 Uhr,
sonst bis 16.30 Uhr; Eintritt 4 €, 🏃🚶 Bim-
melbahn-Service zu den »Grotten« von
den Thermen 0,75 €

Santa Maria Maggiore ■ c 3
Diese Pfarrkirche aus dem 15. Jh. am
Abhang zum See beherbergt eine
schöne holzgeschnitzte Orgel und einen beachtenswerten Marmoraltar
aus dem 18. Jh.
Tgl. 8 Uhr bis Sonnenuntergang

San Pietro in Mavino ■ b 2
Diese romanische Kirche wurde bereits im Jahre 765 von langobardi-
schen Mönchen gegründet und über
einem römischen Tempel errichtet.
Sehenswert ist im Inneren der einsam auf dem zweiten Hügel Sirmiones zwischen Zypressen und
Olivenbäumen gelegenen Stätte das
schlichte Fresko des Jüngsten Ge-
richts aus dem Jahre 1321.
Tgl. 8 Uhr bis Sonnenuntergang

Scaligerburg ■ c 3
Eine der eindrucksvollsten und best-
erhaltenen Scaligerburgen am Gardasee, um 1250 von Mastino I. della
Scala gegründet. Dieser Wehrbau, der
von einem großen Wassergraben umgeben ist, besteht aus einer Kernburg
mit schlankem Bergfried, einer hohen
zinnengekrönten Ringmauer, einem
ebenso aufwendigen wie prachtvollen Wohnbau und einem viereckigen
Hafenbecken. Mehrere Zugbrücken
verbinden die Hauptburg mit den Vor-
burgen und die gut erhaltenen
Altstadt. Einen großartigen Blick
auf die Wasserfestung und den
Gardasee genießt man vom 30 m hohen Haupttturm Mastio aus. Im Innenhof und unter dem Gewölbe am Ein-

Oben: Schoko oder Vanille, Melone oder Himbeer? Fast jede Gelateria am Gardasee – hier in Sirmione – führt Sie mit rund zwei Dutzend Eissorten in Versuchung ...

Mitte: Von den Grotten des Catull, Sirmiones archäologischer Attraktion, genießt man einen hervorragenden Seeblick.

Unten: Das Kastell von Sirmione mit seiner zinnengekrönten Ringmauer – es stammt aus dem Jahr 1250 – präsentiert sich noch immer wehrhaft.

gang sind die Reste des langobardi-
schen Klosters San Salvatore sowie
Meilensteine, Mosaiken und eine
langobardische Schmuckplatte zu sehen.
Tel. 0 30/91 64 68; im Sommer Di–So 9–13
Uhr, Mo geschl.; Eintritt 4 €

Museum

Antiquarium　　　　■ a 1
So heißt das kleine Museum am
Eingang zu den **Grotten des Catull**
(→ S. 72). Es beherbergt u. a. einen
vielfarbigen Gebäudegiebel und
schönste Freskenreste, die mit ihrer
faszinierenden Modernität den inte-
ressierten Betrachter wahrlich be-
geistern. Die Autorin ist besonders
angetan von der schon erwähnten Fi-
scherei-Szene. Sie fesselt den Besucher mit ihrem lebhaften Realismus,
ihren natürlichen Farben. Man hätte
direkt Lust, auch ins Meer zu springen und den Fischern bei ihrer Arbeit
zu helfen ...
Öffnungszeiten → S. 72, So geschl.;
Eintritt 4 € (inkl. Grotten)

Essen und Trinken

La Botte
Signor Carlo bietet beste Rindfleisch-
Qualität zu angemessenen Preisen.
Via Antiche Mura 13; Tel. 0 30/91 62 73;
Di geschl. ★

Grifone　　　　■ c 3
Schattige Laubenterrasse am See mit
sehr schönem Blick auf die Ringmau-
er. Fischspezialitäten.
Via delle Bisse 5; Tel. 0 30/91 60 97;
Mi geschl. ★★

Lugana　　　　■ D 10, S. 121
Schönes Terrassenrestaurant am
See. Zu empfehlen: Crêpes mit Scam-
pi-Creme.
Lugana, 3 km von Sirmione entfernt;
Tel. 0 30/91 90 03; Mo geschl. ★★

Osteria al Pescatore　　　　■ b 3
Ein preiswertes Lokal mitten in der
Altstadt. Nomen est omen: Vor allem
die Fischspezialitäten sind ausge-
zeichnet.
Via Piana 20; Tel. 0 30/91 62 16;
Mi geschl. ★

Risorgimento　　　　■ c 3
Man isst am Hauptplatz von Sirmione
im Freien, mit Blick auf den See. Ein
Gedicht sind die Bandnudeln mit Gar-
nelen und Rucola-Salat, aber auch
Spaghetti in vielerlei Variationen ste-
hen auf der Speisekarte.
Piazza Carducci 5; Tel. 0 30/91 63 25;
Di geschl. ★★

La Rucola
Ein rustikal-elegantes Restaurant mit
Fisch- und Fleischspezialitäten aus
dem Holzofen.
Via Strentelle 7; Tel. 0 30/91 63 26; Do ge-
schl. ★★★

Vecchia Lugana M M
　　　　■ D 10, S. 121
Nach wie vor ein Spitzen-Restaurant
mit Spitzen-Weinen der Gegend. Ob
im gemütlich aufgeteilten Innenraum
oder am Seeufer bei Kerzenschein
und leiser Musik – ein Ambiente zum
Träumen. Unverzichtbar: die Garda-
seefisch-Mousse mit Frischgemüse
vom Kochkünstler Carmine, Chef seit
über 20 Jahren, zubereitet. Das ge-
diegene Feinschmeckerlokal (mit be-
wachtem Parkplatz) liegt an der SS
11 in Richtung Verona direkt am See.
Lugana; Tel. 0 30/91 90 12; Mo abends und
Di geschl. ★★★★

Einkaufen

La Bottega del Carlo　　　　■ c 3
Ob als Mitbringsel oder für den Ei-
genbedarf – die erlesenen Töpfe, Tel-
ler und Krüge aus hübsch bemalter
Keramik sind eine Versuchung.
Via Dante 21

Eleonora　　　　■ b 3/c 3
Todschicke Damenmode – von Ferragamo bis Céline – finden Frauen, die sich etwas verwöhnen lassen wollen, in diesem Geschäft. Hier erliegt man wehrlos der Versuchung.
Via V. Emanuele 41

Emy for Men
Für den gutangezogenen Mann nur das Allerbeste, wie etwa die bunten Missoni-Pullover. Hohe Qualität – hohe Preislage ...
Via Romagnoli 1

Markttag
Lebensmittel und Bekleidung kann man jeden Mo von 8 bis 13 Uhr an der Piazza Mercato besorgen; Bekleidung, Schuhe und Haushaltsgegenstände bieten die Händler jeden Fr von 8 bis 13 Uhr an der Piazza Montebaldo am See an.

Shopping　　　　　　■ b 3
Wer es klassisch liebt, findet hier zeitlose Frauen- und Männermode ohne Firlefanz.
Via V. Emanuele 28

Am Abend

Bar Carducci　　　　　■ c 3
Auf den bunten Eiskreationen weht ein Surfsegel im Mini-Format. Die anderen Straßencafés an der Piazzetta sind ebenso gemütlich, besonders von 21 bis 23 Uhr, wenn das Orchester nostalgische Lieder spielt.
Piazzetta Carducci

Bar Pascià　　　　■ B 10, S. 120
So stellt man sich das Innere eines Harems vor. An den Wänden stehen Couchen, die Decke wölbt sich golden.
Desenzano, am alten Hafen,
Via dal Molin 10

Biblò　　　　　　■ C 10, S. 120
Eine Disko für Junge und Ältere, inzwischen nicht mehr ganz so »in« wie früher.
Zwischen Sirmione und Desenzano an der Schnellstraße (SS 11); Via Colli Storici 2

Ai Cigni　　　　　　■ b 3/c 3
Auch abends wird die Cafeteria gern als Treffpunkt frequentiert.
Via V. Emanuele

Genux Ⓜ　　　　■ B 11, S. 120
Schon seit vielen Jahren »the greatest disco in the world«, wie sie es kundtut. Ein riesiger Sommergarten, über 16 000 qm groß, mit mehreren Pavillons, aus denen pausenlos giftgrün-violettes Licht funkt und knallharte Musik dröhnt. Zwischen den Grünanlagen fließen künstlich angelegte Bäche. 150 Springbrunnen werden computergesteuert. Drinnen und draußen lassen sich bis zu 12 000 Teens und Twens – darunter die verrücktesten Vögel – bis 4 Uhr morgens berauschen. Radikaler Szenenwechsel donnerstags und sonntags bei Walzer und Tango.
4 km von der Autobahn-Ausfahrt Desenzano (in Richtung Castiglione delle Stiviere); Via Mantova; Mo geschl.

Sesto Senso　　　■ B 10, S. 120
Eine coole Disko mit ohrenbetäubenden Rhythmen. Romantiker zieht es eher in die gemütliche Piano-Bar nebenan: Hier ist es verraucht und voll, nicht zuletzt wegen der mitreißenden Songs des Pianisten.
In Desenzano; Viale dal Molin 66

Via Vittorio Emanuele　■ b 3/c 3
Diese Gasse ist in Sirmione der Treffpunkt der Nachtbummler und Pärchen, die nach der Devise »sehen und gesehen werden« in schöner italienischer Manier hier stundenlang auf und ab flanieren, unterbrochen von einem Gelato hier und einem Espresso da ...

Service

Auskunft

**Azienda di Promozione
Turistica (APT)** ■ c 3
Viale Marconi 2; 25019 Sirmione
Tel. 0 30/91 61 14, Fax 0 30/91 62 22
(Das APT ist zuständig für Thermal-
auskünfte und Autopassierscheine
für An- und Abreisende mit Gepäck.)
Ostern–31. Okt. tgl. 9–12.30 und 15–
18 Uhr; 1. Nov.–Ostern Mo–Fr 9–12.30 und
15–18, Sa 9–12.30 Uhr, So geschl.

Busfahrten nach Verona
6.25–19.25 Uhr jede Std., Dauer der
Fahrt 50 Min. Hin und zurück 6 €.
Sonderservice zu den Festspielen in
der Arena.

**Medizinischer Notdienst
für Touristen**
Mitte Juni–Mitte Sept.; Tel. 0 30/9 90 91 71

Schiffsverkehr
Regelmäßig verkehren Schnellboote,
Motorboote und Dampfer. Im
Juli–Aug. auch Rund-Kreuzfahrten
mit Mittagessen und Orchestermusik
an Bord.
Info: Navigarda; Tel. 0 30/9 14 95 11

Taxi
Tel. 0 30/91 60 82 und 0 30/9 90 55 59

Ziele in der Umgebung

Borghetto ■ E 12, S. 121

Eine großartige Sehenswürdigkeit
liegt in diesem kleinen Ort direkt am
Mincio-Fluss: die eindrucksvollen
Reste der befestigten **Visconti-Brücke**
(in Wirklichkeit ein riesiger Staudamm,
7 600 m lang, 26 m breit und 10 m
hoch), die der Mailänder Herr-
scher Giangaleazzo Visconti im Jahre
1393 in nur acht Monaten errichten
ließ. Er beabsichtigte, damit den Min-

cio-Fluss zu sperren. Der schützende
See um Mantua hätte seinen Zufluss
verloren und die Stadt wäre in die
Hände der Mailänder gefallen. Durch
den Tod des Visconti (1402) blieb
aber Mantua unter der Herrschaft der
Gonzaga. Später kam die Brücke den
Mailändern doch zugute: Sie sperrte
die Schiffsverbindung der Venezianer
zum Gardasee. So mussten sie im
Krieg gegen die Mailänder ihre Schiffe
über das Gebirge transportieren!

Essen und Trinken

Antica Locanda Mincio Ⓜ
Direkt am Fluss. Spezialität:
Tortellini mit Kürbismousse-Füllung.
Via Michelangelo 12; Tel. 0 45/7 95 00 59;
Mi abend und Do geschl. ★ ★ ★

Desenzano ■ B 10, S. 120
22 650 Einwohner

Die größte Stadt am Gardasee – ge-
schäftstüchtig und quicklebendig
(besonders abends). Hier lohnt ein
ausgedehnter Einkaufsbummel. Wie
im Mittelalter findet auch heute noch
jeden Dienstag ein Wochenmarkt an
der **Seepromenade Cesare Battisti**
statt.
    Sehenswert sind u. a. die mittelal-
terliche Burg und das Hafenbecken.
Desenzano liegt äußerst verkehrs-
günstig an der Bahnlinie Mailand–
Venedig und an der »Serenissima«-
Autobahn in gleicher Richtung. Nach
Brescia sind es 28 km, nach Verona
37 km und nach Mantua 47 km.

Hotels / andere Unterkünfte

Piccola Vela
Gepflegt, preiswert und sauber – was
will man noch mehr?
Via Dal Molin 20; Tel. und
Fax 0 30/9 91 46 66; 80 Betten ★ ★ ★ ★

Oben: In der reizvollen Altstadt von Desenzano zeugen schmucke Bürgerhäuser von einstigem Reichtum. Unter den Laubengängen reiht sich ein Laden an den anderen.

Mitte: Der Mincio-Fluss bildet die Grenze zwischen Venetien und der Lombardei.

Unten: Straßenszene in Desenzano, der größten Stadt am Gardasee.

Feriendorf Del Vo' 👫👶
Besonders für Familien mit Kleinkindern geeignet, liegt das Feriendorf mitten im Grünen und am Seeufer. Idealer Strand für Anfänger! Geöffnet 20. März–31. Okt.
Via Vo' 4-9; Tel. 0 30/9 12 13 25, Fax 0 30/9 12 07 73; 80 Ein- bis Zwei-Zimmer-Wohnungen ★★

Sehenswertes

Römische Badevilla
Eine Pflicht-Etappe für Kunstfreunde sind die Ruinen dieser römischen Badevilla (3. Jh. n. Chr.), wo man einen 240 qm großen Mosaikfußboden bewundern kann.
Via Scavi Romani; Tel. 0 30/9 14 35 47; 1. März–14. Okt. Di–Sa 9–18.30 Uhr, So 9–18 Uhr, 15. Okt.–1. März 9–17 Uhr, Mo geschl.; Eintritt 2 €

Santa Maria Maddalena
Sehenswert ist Tiepolos »Letztes Abendmahl« (18. Jh.) links in der zweiten Kapelle der Pfarrkirche.
Piazza Duomo; tgl. 7.30–11.30 und 15–18.30 Uhr

Essen und Trinken

Cavallino
Gut essen kann man in diesem Schlemmerlokal; man tafelt unter einer riesigen Markise im Freien.
Via Murachette 29; Tel. 0 30/9 12 02 17; Mo, Di mittags geschl. ★★★

Esplanade
Besonders romantisch ist dieses exklusive Restaurant direkt am See.
Via Lario 10; Tel. 0 30/9 14 33 61; Mi geschl. ★★★

Einkaufen

Antiquitätenmarkt
Besuchen Sie auch den Antiquitätenmarkt. Seit rund 50 Jahren hat dieser Markt Tradition. Im Freien werden alte Möbel, Bilder, Stiche und viele Lampen angeboten.
Piazza Malvezzi; am ersten So des Monats 9–19 Uhr (außer Jan. und Aug.)

Am Abend

Zwischen Desenzano und Sirmione gibt es mehrere interessante Bars und Diskotheken (→ Sirmione, Am Abend, S. 75).

Service

Auskunft

Azienda di Promozione Turistica (APT-IAT)
Via Porto Vecchio, 34; 25015 Desenzano; Tel. 0 30/9 14 15 10, Fax 0 30/9 14 42 09; im Sommer Mo–Sa 9–12.30 und 15–19, So 9–12.30 Uhr; sonst Mo–Fr 9–12.30 und 15–18, Sa 9–12.30 Uhr

Lonato/Abbazia di Maguzzano
■ AB 10, S. 120

Lonato ist ein typisch lombardisches Landstädtchen, nur 6 km von Desenzano entfernt und schon ganz verschieden von den venezianisch geprägten Orten des Gardasees. Von den Ruinen der Burg hat man einen Rundblick über die Moränenhügellandschaft im Süden und auf den Gardasee im Norden.

Sehenswertes

Abbazia di Maguzzano
Von Lonato aus fährt man 1 km zurück und biegt links ab, bis man nach 4 km die Abbazia di Maguzzano erreicht, eine der ältesten Benediktinerabteien (10. Jh.) mit einem blumenreichen Kreuzgang.
Tel. 0 30/9 13 01 82; tgl. 9–11 Uhr und 15–17 Uhr

Casa del Podestà

Interessant und ungewöhnlich ist die Sammlung von ca. 40 000 historischen Büchern neben seltenen alten Möbeln und schönen Fresken in der Casa del Podestà, dem einstigen Sitz des Bürgermeisters.

Auf halber Höhe zwischen dem Dorf und der Burg; 15. Mai–15. Sept. Sa und So 10–12 und 14.30–18 Uhr (sonst nur bis Sonnenuntergang)

Madonna del Frassino
■ D 11, S. 121

Diese barock anmutende Wallfahrtskirche, 3 km südwestlich von Peschiera, wurde 1511 errichtet, aber erst 1910 vollendet. In den Seitenkapellen sind vier Ölgemälde von Paolo Farinati (16. Jh.) zu sehen. Die winzige Madonna-del-Frassino-Terrakottafigur (16. Jh.), am 5. Seitenaltar rechts aufgestellt, stammt aus Frankreich. Sehr schön sind die zwei restaurierten Kreuzgänge mit Fresken (17. Jh.) aus dem Leben der Heiligen Franziskus und Antonius.

Tgl. 8–12 und 14.30–19.30 Uhr

Peschiera del Garda
■ E 11, S. 121

Das rege Hafenstädtchen (ca. 9000 Einwohner) liegt am Ufer des Mincio-Flusses, der hier den einzigen Abfluss des Gardasees bildet und als natürliche Grenze Venetien von der Lombardei trennt. Die 2,3 km lange, fünfeckige Festungsanlage wurde im 16. Jh. von dem berühmten venezianischen Baumeister Sanmicheli erbaut und umschließt den Ortskern. Sie erinnert aber auch an Peschieras bewegte jüngere Vergangenheit: Die Stadt gehörte 1815 bis 1866 mit Verona, Mantua und Legnago zu den mächtigen österreichischen Verteidigungsanlagen des so genannten »Festungsvierecks« und bedrohte bis zuletzt die italienische Einheitsbewe-

gung in Oberitalien. Die Festungsanlage kann nur von außen besichtigt werden.

Hotels/andere Unterkünfte

Fortuna

Nicht unbedingt schön gelegen, aber eine ideale Übernachtungsmöglichkeit für Arena-Besucher, wenn Verona wieder mal ausgebucht ist. Direkt beim Bahnhof Peschiera.

Via Gardesana; Tel. und Fax 0 45/7 55 01 11; 84 Betten ★ ★ ★

San Martino della Battaglia
■ C 11, S. 120

Auf dem Hügel von San Martino, 6 km von Colombare, erinnert ein 74 m hoher Aussichtsturm an den italienisch-französisch-österreichischen Krieg von 1859. Hier rangen am 24. Juni die verbündeten Franzosen und Italiener die Österreicher nieder. In den sieben übereinanderliegenden Sälen des Turms stellen große Wandfresken mit eindrucksvollen Schlachtszenen die Geschichte des italienischen Risorgimento (Einigungsbewegung 1848–1870) dar. Dahinter liegt ein Kriegsmuseum. Schräg gegenüber vom Turm bewahrt ein **Ossario** die Schädel und Gebeine von 1274 gefallenen Soldaten auf.

Tel. 0 30/9 91 03 70; 15. März–30. Sept. Mo und Mi 9–12 und 14–19 Uhr, So 9–19 Uhr, Di geschl., Okt.–März 9–12.30, Sa 14–17 Uhr; Eintritt 3 €

Solferino
■ C 12, S. 120

Auch hier, 17 km weiter landeinwärts, erinnert die Kirche San Pietro (heute ein Beinhaus) mit 1413 aufbewahrten Schädeln an die zweite Niederlage der Österreicher, am 24. Juni 1859. Das verheerende Gesamtergebnis: Über 25 000 Tote und Verletzte lagen

auf den Schlachtfeldern. Der grausige Anblick bewegte den Schweizer Augenzeugen Henri Dunant dazu, das Rote Kreuz zu gründen.
Tel. 03 76/8 53 60; Öffnungszeiten wie in San Martino, Mo geschl.; Eintritt 3 € (Man stärkt sich dann in der Frattoria Avanguardia, Piazza Marconi 13; Tel. 03 76/85 40 55)

Valeggio sul Mincio
■ E 12, S. 121

Dieser kleine Ort, 8 km südlich von Peschiera, ist nicht nur wegen seiner Feinschmeckerlokale und der malerischen Scaligerburg-Kulisse einen Abstecher wert. Wer sich Zeit nimmt und eine Weile durch die Straßen des Zentrums spaziert, vielleicht auf der Piazza einen Kaffee oder ein Glas Wein trinkt, wird ein sehr authentisches italienisches Städtchen kennen lernen.

Sehenswertes

Parco Giardino Sigurtà
Hier liegt der berühmte Parco Giardino Sigurtà, eine 50 ha große, sehr gepflegte Parkanlage mit reicher Mittelmeerflora in hügeliger Landschaft. Das 7 km lange Gelände – es zählt zu den schönsten Gärten der Welt – kann man neuerdings nur zu Fuß, mit Fahrrad oder mit der Bimmelbahn 👫 erkunden. Besonders schön sind die Seerosen und die Rosen-Allee mit der Burg von Valeggio im Hintergrund. Am meisten fasziniert aber vielleicht der Gegensatz zwischen dem fast grenzenlos ausgedehnten Gelände und der minutiösen Sorgfalt, mit der hier in jedem Winkel alle Schönheiten der Natur zu jeder Jahreszeit zur Geltung gebracht, gehegt und gepflegt werden.
Von Peschiera aus am Ortseingang rechts; Tel. 0 45/6 37 10 33; 1. März–Anf. Nov. tgl. 9–18 Uhr; Bahnkarte 1,50 €, Eintritt 7,50 €

Der Parco Giardino Sigurtà bei Peschiera ist einen Ausflug wert.

Es hat sich herumgesprochen:
Torbole ist Europas Surfparadies. Nicht-Surfer genießen die eindrucksvolle Naturkulisse.

Torbole ■ E 3, S. 117

2400 Einwohner
Stadtplan → Klappe hinten

Noch vor etwa 15 Jahren kamen »nur« 175 000 Surfer pro Jahr; 1991 waren es schon dreimal so viel. Das »Kapital« von Torbole ist der Südwind **Ora**, der meist pünktlich gegen 13 Uhr aufkommt. Er beschert den Surfern beste Sportverhältnisse. Dann wogt der See wie das Meer, und schon flitzen die buntfarbigen Segel kreuz und quer über die Wellen. Nicht-Surfer können sich an der beeindruckenden Naturkulisse ergötzen: Zu ihren Füßen liegt der Gardasee mit den kunterbunten Surfsegeln, zu ihrer Rechten erheben sich in Richtung Riva und Nago riesige, fjordartige Felsen; zu ihrer Linken thront mehrere das hohe, kaum besiedelte Monte-Baldo-Bergmassiv.

Torbole selbst liegt unter gewaltigen, steilen Felsabschnitten, die zu Wanderungen und Klettertouren verführen. Der kleine Ort hat in seinem Zentrum zwar ein paar anmutige Gassen, aber sehr einladend wirkt er nicht. Das einstige Fischerdorf ist infolge des Surferzustromes in den letzten 20 Jahren einfach zu schnell gewachsen.

Hotels/andere Unterkünfte

Benaco ■ b 2
Renoviertes Hotel neben der Casa Beust, für Surfer ideal gelegen.
Tel. 04 64/50 53 64, Fax 04 64/50 59 73; Via Benaco 17; 74 Betten ★★

Caravel ■ c 1
Das Hotel liegt unterhalb der Straßenkreuzung in Richtung Nago und hat eine gepflegte, moderne Einrichtung. Pastellfarbene Bar. Swimmingpool und Privatparkplatz.
Via Calze; Tel. 04 64/50 57 24, Fax 04 64/50 59 35; 114 Betten ★★★

Clubhotel La Vela ■ b 1
Das gut ausgestattete Hotel verfügt zusätzlich über 50 Ferienwohnungen. Swimmingpool, Sauna, Solarium, Wassermassage, Fitnessraum, eigenem Parkplatz und Surfschule.
Via Strada Grande 2; Tel. 04 64/50 59 40, Fax 04 64/50 59 58; 70 Betten ★★

Geier ■ b 2
Ein sauberes Hotel mit schlichten Zimmern, mitten im Dorf und direkt am Hafen.
Via Benaco 15; Tel. und Fax 04 64/50 51 31; 64 Betten ★★

Lido Blu nordwestlich ■ b 1
Dies ist das einzige Hotel in Torbole direkt am Surfstrand. Renoviert, mit Hallenbad, Sauna, Fitnessraum, versicherte Surfablage, Privatparkplatz.
Via Foci del Sarca 1; Tel. 04 64/50 51 80, Fax 04 64/50 59 31; 78 Betten ★★★

Paradiso südlich ■ c 3
Ein Familienbetrieb mit modern-funktionaler Einrichtung und großem Garten. Tierfreundlich. Zimmer an der Rückseite buchen!
Am Ortsende links in Richtung Malcésine Lungolago Verona 43; Tel. 04 64/50 51 26, Fax 04 64/50 51 19; 48 Betten ★★

Villa Magnolia ♟♟　　　■ b 1

Das familienfreundliche Hotel ist
schlicht, sauber und preiswert.
Großer Swimmingpool und Tischtennis im Garten (Surfbrettablage gleich
hinter dem Surf-Center).
Al Cor 10; Tel. und Fax 04 64/50 50 50;
60 Betten ★

Villa Verde ♟♟　　nordwestlich ■ b 1

Wer entspannen möchte, ist in diesem sehr ruhig gelegenen Hotel mit
schönem Rasen gut aufgehoben.
Großer Swimmingpool. Modern eingerichtete Zimmer. Zudem ein famili-
enfreundliches Haus.
Via Sarca Vecchia 15; Tel. und Fax 04 64/
50 52 74; 48 Betten ★ ★

Zanella ♟♟　　　　■ E 3, S. 117

Bei Sabine und Stefano gehen Sie auf
Nummer Sicher. Hier stimmt alles: die
Gastfreundschaft, die Ruhe und die
Preise. Es gibt sogar einen Pool für
Kinder. Direkt am See stehen für die
Hotelgäste ein Surfablageregal,
Wechselkabinen und Liegestühle kos-
tenlos zur Verfügung.
In Nago oben am Hügel, 1,5 km von Torbo-
le entfernt; Via Sighele 1;
Tel. 04 64/50 51 54, Fax 04 64/50 60 39;
54 Betten ★

Spaziergang

Unser Spaziergang beginnt an der
Casa Beust, im malerischsten Winkel
von Torbole, zwischen dem Surfer-
Strand und der Seepromenade.
Schräg gegenüber sehen wir, isoliert
stehend, das ehemalige **Zollhäuschen**. Wir überqueren die Hauptstraße und finden an der **Piazza
Vittorio Veneto** rechts oberhalb des
kleinen Brunnens eine Gedenktafel
zur Erinnerung an den Goethe-Besuch vor über 200 Jahren.

Wir gehen jetzt links in die Via
Pontalti bis zur Kirche **S. Andrea** hinauf (rechts). Der Kirchplatz bietet
einen schönen Blick auf die Dächer
Torboles und die bunten Surfsegel
auf dem Wasser. Ein paar Schritte
weiter folgen wir dem Wegweiser
»Bellavista«, bis wir 50 m zur Linken
eine unscheinbare Treppe sehen, die
zu einem kleinen Aussichtspunkt hinaufführt: Torbole aus der Vogelperspektive und doch, so scheint es,
zum Greifen nahe.

Zurück zur Piazza Vittorio Veneto;
gleich hinter dem Pub **Cutty Sark** biegen wir links in die pittoreske **Via Segantini** ab, bis wir auf die Seepromenade **Lungolago Verona** stoßen.

Der Spaziergang dauert ca. 30 Minuten. Wer Lust hat, zu Fuß bis Nago
weiterzugehen, folge über die Via
Pontalti, immer weiter bergauf, der
Strada Santa Lucia, einer wunderschönen Panoramastraße.

Sehenswertes

Casa Alberti　　　　■ c 2

Am Bogengang dieses Hauses an der
Piazza Vittorio Veneto (früher Gast-
haus Alla Rosa) erinnert eine Ge-
denktafel an den unvergessenen
Goethe-Besuch am 12. Sept. 1786.
Piazza Vittorio Veneto

Casa Beust　　　　　■ b 2

Bis in die siebziger Jahre war das
Haus ein beliebter Künstler-Treff-
punkt an der malerischen Seepromenade, mit einem Hl. Antonius-
Fresko des Berliner Malers H. Lietz-
mann (1872–1955). Heute verabreden sich hier gern Surfer zum
Mittagsimbiss.

El Casel　　　　　　■ b 2/c 3

Das gelbe Zollhäuschen am Hafen
aus der K.u.k.-Zeit war noch bis zum
Ende des Ersten Weltkrieges in Betrieb.

Sant'Andrea　　　östlich ■ c 2

Vor der Pfarrkirche aus dem 18. Jh.
bietet sich ein schönes Panorama auf
Torbole und den See. Sehenswert ist

*Oben: In der Casa Alberti in Torbole
machte Goethe auf seiner italienischen
Reise im Jahre 1786 Zwischenstation.*

*Mitte: Das gebirgige Hinterland von
Torbole lädt zu Wanderungen und Klettertouren ein. Einen (Familien-)Ausflug
wert sind etwa die Felslöcher Marmitte
dei Giganti; geübte Wanderer erklim-
men den Monte Altissimo.*

*Unten: Traum jeden Surfers, die »ora«,
der berühmte Südwind, der immer gegen Mittag aufkommt.*

auch Giambettino Cignarolis Altarbild »Martyrium des Heiligen«.
Via Pontalti; tgl. 8.30–18.30 Uhr

Essen und Trinken

Centrale ■ b 2/c 2
Man isst auf der Piazza und schaut den Flanierenden zu. Unser Tip: **tagliatelle ai funghi** (Bandnudeln mit Pilzsauce).
Piazza V. Veneto 14; Tel. 04 64/50 52 34; Mi geschl. ★

Cin Cin nördlich ■ b 1
15 Risottogerichte und 40 Pizzasorten: Probieren Sie die »Pizza Windsurf«.
Via Matteotti 38; Tel. 04 64/50 52 38; Di geschl. ★

Al Pescatore ■ c 2
Man sitzt unter freiem Himmel in einer alten Gasse mitten im Ort und schaut dem bunten Treiben zu. Gutbürgerliche Küche aus Apulien und Fischspezialitäten. Leider kein Seeblick.
Via Segantini 11; Tel. 04 64/50 52 36; Mi geschl. ★

Piccolo Mondo nördlich ■ b 1
Küchenchef Sergio lockt mit seiner bekannten und originellen »Mela Party«, einem feststehenden Menü, das nur aus Äpfeln besteht: gebackene Äpfel mit Champagner, Apfel-Risotto, Apfelstrudel usw. Dass die Äpfel aus dem Etsch- und dem Eisacktal große Klasse sind, gehört zu dem Vergnügen. Köstlich, aber nicht ganz billig. Nicht minder empfehlenswert ist das im selben Haus befindliche Hotel (→ MERIAN-Tipp, S. 84).
Am Ortsausgang rechts in Richtung Riva; Tel. 04 64/50 52 71; kein Ruhetag bis Nov. ★★★

La Terrazza ■ a 2
Verandarestaurant direkt am See. Ideal für Schwimmer, Surfer und Segler, die gern Fisch essen.
Via Pasubio, 15; Tel. 04 64/50 60 83; Di geschl. ★

Terrazze della Luna Ⓜ ■ c 1
Hier tafelt man in einem einstigen österreichischen Fort, mit Panoramablick auf den See. Die hausgemachten Tortelloni mit Kürbiscremefüllung und Mohnsamen sind apart, wie das Ambiente.
Località Coe (Nago);; Tel. 04 64/50 53 01; Mo geschl. ★★

Einkaufen

Barca Tutto Sport nördlich ■ b 1
Alles, was Surfer und Segler für ihre Ausrüstung brauchen.
Via Matteotti 57

Markttag ■ b 2/c 2
Jeden zweiten und vierten Dienstag des Monats von 8 bis 12.30 Uhr bieten die Händler am Hafen Lederwaren und Bekleidung an, von April bis Sept.

MERIAN-Tipp

Piccolo **Mondo** Dieses gepflegte Hotel mit Schönheits-Farm liegt etwas abseits der Hauptstraße. Swimmingpool und Tennisplatz im Garten, Billard- und Fitnessraum, Sauna, Solarium im Haus – hier können Sie all die »sündhaften« Kalorien gleich wieder loswerden. Am ruhigsten sind die Zimmer auf der Gartenseite. Eigene Surfschule mit Aufbewahrung sowie Verleih von Brettern und Ausrüstung. Torbole, am Ortsausgang rechts in Richtung Riva, Tel. 04 64/50 52 71, Fax 04 64/50 52 95, 70 Betten, ★★★ nördlich ■ b 1, Klappe hinten

Santoni
nördlich ■ b 1
Ein Juwelierladen mit aparten Halsketten, bunten Armreifen und schönem Silberbesteck.
Via Matteotti 56

Yachting und Sport
Dieses Sportgeschäft ist ebenfalls von Kopf bis Fuß auf Wassersportler eingestellt.
Piazza Benacense 1

Am Abend

Cutty Sark
■ c 2
Eine schmale, urige Kneipe mit Nautik-Atmosphäre. Daher ist es kein Wunder: Hier versammeln sich Segler und Surfer bis 1 Uhr nachts.
Via Pontalti 2

Ghigliottina Pub
Bekannter Abend-Treff der Einheimischen.
Via Scuole 22; ab 21 Uhr

Moby Dick
nördlich ■ b 1
Bei Walter geht die halbe Surfwelt ein und aus. Im efeuberankten Eck des Lokals sitzen die Nachteulen bei romantischem Kerzenschein.
Via Matteotti 60

Service

Auskunft

Azienda di Promozione Turistica (APT)
■ c 3
38069 Torbole; Lungolago Verona 19; Tel. 04 64/50 51 77, Fax 04 64/50 56 43
Öffnungszeiten wie in Riva, → S. 56.

Medizinischer Notdienst für Touristen
Erste Hilfe
Krankenhaus in Riva; Tel. 04 64/58 22 22

Taxi
Tel. 04 64/50 51 90 und 04 64/50 51 22

Ziele in der Umgebung

Marmitte dei Giganti
■ E 3, S. 117

Von mehreren »Riesentöpfen« – durch Gletscherablagerungen seit der Eiszeit entstanden – sind vor allem zwei Gletschermühlen von besonderem geologischen Interesse: Eine liegt an der Straße nach Nago (auf halber Höhe links, wo auch Free-climbing-Kurse stattfinden), die andere befindet sich an der Straße von Nago hinunter nach Arco.

Monte Altissimo di Nago
■ E 4, S. 117

Es lohnt der fünfstündige Fußmarsch von Nago über Malga Casina zum Doss Remit, weiter über einen Höhenweg zum Monte Varagna (1780 m), bis man den Gipfel des Altissimo erreicht (mit Berghütte, 2079 m). Die herrlichen Ausblicke auf die Brenta-Dolomiten (Presanella und Adamello) und auf den Gardasee sprechen für sich. (Der Altissimo befindet sich in Luftlinie zwischen Torbole und dem Monte Baldo.)

Nago
■ E 3, S. 117

Ein ruhiges, uriges Dorf, hoch über Torbole an den Hängen des Monte Altissimo gelegen. Sehenswert sind auf einer Felsenhöhe die Ruinen von Castel Pénede, einer Burg aus dem 12. Jh., die 1439 von den venezianischen Truppen des Gattamelata erobert wurde; viele Jahre später diente sie den Österreichern als Festung. Von Torbole aus sind die Burgruinen zu Fuß bequem in einer Stunde zu erreichen. Seit einiger Zeit befindet sich ganz oben auch ein schöner Trimm-dich-Pfad. Markt am ersten und dritten Dienstag des Monats.

Farbenprächtige Oleander sieht man in den beiden Ferienorten in solcher Fülle wie kaum anderswo. Maderno ist mit seinen malerischen Gässchen anmutiger als Toscolano.

Toscolano-Maderno

■ BC 7, S. 118

7000 Einwohner
Stadtplan → S. 87

Toscolano-Maderno liegt auf einer Halbinsel an der Mündung des Toscolano-Flüsschens, das die beiden Ortsteile der Gemeinde voneinander trennt. Äußerst günstig ist die geografische Lage: genau in der Mitte des Westufers zwischen den Nobelorten Fasano und Gardone im Süden und den urigen Dörfern Bogliaco und Gargnano im Norden. Besonders älteren Menschen bietet Toscolano-Maderno einen preiswerten, angenehmen Aufenthalt; aber auch kinderreiche Familien kommen gerne hierher – viele mit ihren Zelten – zum Baden, Radeln oder Wandern. Dieser Urlaubsort ist den Touristen aus dem Ausland weniger bekannt als die meisten anderen Orte am Gardasee. Im Mittelalter dagegen reichte sein Ruf weit über die Alpen hinaus. Toscolano war seit dem 14. Jh. das Zentrum der Papierindustrie und belieferte sogar den türkischen Sultan mit kostbarstem Büttenpapier. Erst vor einem halben Jahrhundert hat man die nun verwahrlosten Papiermühlen endgültig stillgelegt.

Hotels/andere Unterkünfte

Golfo
■ a 4

Stimmungsvolles Hotel mit z.T. freskenverzierten Wänden und Belle-Époque-Ambiente.
Via Aquilani 1; Tel. und Fax 03 65/64 12 40; 49 Betten ★★

Maderno
■ b 4

Das Hotel liegt an der Gardesana, mit kleinem Palmengarten, Swimmingpool und Tischtennis. Gepflegt und modern eingerichtete Zimmer.
Via Statale 12; Tel. 03 65/64 10 70, Fax 03 65/64 42 77; 60 Betten ★★

Milano
■ b 4

Direkt vor der Schiffsanlegestelle mit Blick auf den Golf.
Lungolago Zanardelli 12; Tel. 03 65/54 05 95, Fax 03 65/64 12 23; 76 Betten ★★

Splendid
■ b 4

An der Uferpromenade gelegen, mit Seeblick, Garten, Parkplatz. Preisgünstiges Vollpensionssystem.
Lungolago Zanardelli 28; Tel. 03 65/64 12 22, Fax 03 65/54 08 75; 56 Betten ★

Spaziergang

Unser Spaziergang führt uns in das **Valle delle Cartiere**, das »Tal der Papiermühlen«. Wir beginnen am Toscolano-Wildbach, der den gleichnamigen Ort von Maderno trennt. Ausgangspunkt ist der **Largo Matteotti**, an der Ecke Via Statale (Staatsstraße). Wir gehen landeinwärts die untere Straße links von der Mauer entlang und entdecken einige Meter weiter bereits die erste alte **Papiermühle** – seit über 40 Jahren außer Betrieb. Hinter einem kurzen Straßentunnel stürzt ein hoher Wasserfall in den Wildbach hinab. Nach einem zweiten Tunnel führt uns der Schotterweg rechts an hohen Felsen und links an weiteren drei Papiermühlen-Ruinen am Toscolano vorbei.

Die Natur ist wild und unberührt – man fühlt sich wie in einer anderen Welt. Wir gelangen zur Brücke im Flecken **Gaino**, unter der bis zu den Oberschenkeln bestiefelte Angler geduldig auf die nächste Forelle warten. Der Spaziergang dauert etwa eine Stunde.

Sehenswertes

Orto Botanico Ghirardi ■ b 2
Seit 1999 fürs Publikum geöffnet: 10 000 qm großer botanischer Garten mit seltenen Pflanzen und Heilkräutern mediterraner und tropischer Herkunft.
Via Religione, 25; Besichtigung nach telefonischer Voranmeldung 03 65/64 12 46

Palazzo Gonzaga ■ a 4
Ehemalige Sommerresidenz der Herzöge von Mantua, 1606 im Ortskern von Maderno erbaut. Über 50 Jahre später kam, auf Wunsch des Herzogs Carlo Gonzaga, am Serraglio-Hügel die sogenannte »Palazzina« hinzu. Ein unterirdischer Gang verband beide Häuser miteinander, so dass man unbemerkt die berüchtigte Palazzina

erreichen konnte. Damaligen Chroniken zufolge sollen hier wilde Orgien stattgefunden haben.
Via Benamati 20 (nur von außen zu sehen; Achtung, bissige Hunde)

Sant' Andrea ■ a 4

Eine der schönsten Kirchen der lombardischen Romanik (1130–1150). Sehenswert sind vor allem die Relief-Fassade aus beige-rosafarbenem Marmor mit einem säulenreichen, ziselierten Portal und ein, leider stark verblichenes, Fresko im Tympanon. Schöne Fresken im Inneren.
Piazza S. Marco in Maderno; tgl. 9–19.30 Uhr (falls geschl., wenden Sie sich an das Pfarrhaus)

Santi Pietro e Paolo ■ b 1

Diese Renaissancekirche (1584) sollte man auch von innen sehen, vor allem die 22 Gemälde des Andrea Celesti (1637–1712) und seiner Schüler. Der aus Venedig stammende, vom Dogen in die Verbannung getriebene Künstler wurde hier zum »Hofmaler des Gardasees«.
Piazza della Cartiera in Toscolano; Mai–Sept. tgl. 8–18.30 Uhr, sonst nur So 8–12 Uhr

Villa Nonii-Arii ■ b 1

Die sehenswerten Fundamente einer römischen Badevilla mit Fragmenten eines schwarz-weißen Mosaikfußbodens befinden sich auf einer kleinen Spielwiese für Kinder etwa 20 m zur Rechten von der Santi-Pietro-e-Paolo-Kirche entfernt.

Essen und Trinken

Al Muretto ■ a 4

Veranda- und Terrassenrestaurant direkt am Wasser, mit prächtigem Weitblick, bietet exquisite Fischspezialitäten. An Wochenendabenden auch Piano-Bar.
Via Roma 25 in Maderno; Tel. 03 65/64 11 31
★★★

Rustichel südlich ■ a 4

Rustikales Terrassenrestaurant und Pizzeria mit wunderschönem Ausblick auf den Golf von Maderno.
In Maclino, oberhalb von Maderno; Tel. 03 65/64 26 10; Di geschl. ★★

Trattoria Montemaderno
südwestlich ■ a 4

Ländliches Ambiente mit Weitpanorama auf See und Monte Baldo (bis Sirmione!). Küchenchefin Marinellas Schlager: Crêpes mit Käsesauce.
In Vigole (300 m hoch); Tel. 03 65/64 26 37
★★

Vecchia Padella ■ b 3

Hier regt bruschetta aus hausgemachtem Brot mit frischen Tomaten den Appetit an.
Maderno; Via Statale/Via Bianchi; Tel. 03 65/64 10 42; Mo geschl. ★

Einkaufen

Markttag ■ b 2

Jeden Donnerstag von 8 bis 13 Uhr in der Viale Marconi und in der Querstraße Via Fermi in Toscolano.

Mercato dell'Antiquariato
■ C 6, S. 118

Dieser Antiquitätenmarkt ist im hübschen alten Kreuzgang der Kirche San Francesco von Gargnano (7 km nördlich) untergebracht.
Ende Juli–Ende Aug. tgl. 10–13 und 15–20, sonst 9–18 Uhr

Trödelmarkt ■ a 4

Mi ab 9 Uhr bis abends.
Piazza San Marco

Am Abend

Caffè Centrale ■ a 4

Fröhlicher Trubel herrscht auf der Piazza im Juli und August, wenn ein Sänger-Duo von 21 bis 23 Uhr abends musiziert.
Piazzetta S. Andrea

Oben: Das uralte Städtchen Gargnano (→ S. 90) ist vom Tourismus noch weitgehend unberührt.

Mitte: An der Gardesana-Straße in Bogliaco (→ S. 90) beeindruckt die Gloriette der Villa Bettoni.

Unten: Die gepflegte Seepromenade »Zanardelli« in Maderno lädt zum Bummeln ein.

L'Ultimo Café ◼ a 4

In den Sommermonaten halten sich hier abends mit Vorliebe die Jüngeren bei Jazz- und Swing-Musik auf – live gespielt, versteht sich.
Piazza S. Marco

Service

Auskunft

Azienda di Promozione Turistica (APT) ◼ b 4

25088 Toscolano-Maderno, Lungolago Zanardelli 18; Tel. und Fax 03 65/64 13 30; 1. Juli–20. Sept. Mo–Sa 9–12.30 und 15.30–18.30 Uhr, So 9–12.30 Uhr, 21. Sept.–15. Nov. und 1. April–30. Juni Mo–Sa mittags 9–12.30 und 15–18 Uhr, Mi nachmittag und So geschl.

Autofähre

Von Maderno nach Torri del Benaco am östlichen Seeufer und zurück; ganzjährig; Info APT; tgl. im 40-/90-Min.-Takt

Medizinischer Notdienst

Tel. 03 65/64 10 36

Taxi

Tel. 03 65/64 13 03

Ziele in der Umgebung

Bogliaco ◼ C 6, S. 118

Abgesehen vom Golfplatz beeindruckt in diesem noch nicht so überlaufenen Ort zwischen Toscolano-Maderno und Gargnano vor allem die prachtvolle, statuenreiche Villa Bettoni (18. Jh.). Sie ist allerdings in Privatbesitz und daher nur von außen zu besichtigen. Am schönsten ist die Fassade am See, vom kleinen Hafen aus gesehen (ganz links). Hinter der Villa quer über die Straße findet sich eine elegante, restaurierte Treppenanlage mit kleinem Brunnen und Marmorstatuen in den

Nischen, die man durch das schmiedeeiserne Gitter bewundern kann. Bogliaco ist auch für Segelfreunde interessant: Einige der eigens für die berühmte »Centomiglia«-Regatta gebauten Segelboote sind meist im Hafen zu sehen.

Gargnano ◼ C 6, S. 118

Auch in Gargnano hat der Tourismus bislang nur wenige Spuren hinterlassen. Es ist ein malerisches, verwinkeltes Fischerdorf am Berghang, umgeben von Zitrusplantagen.

An wenig erfreuliche Ereignisse erinnern die in die Häuserfassaden gemauerten Kanonenkugeln am Hafen an der Piazza Feltrinelli: 1866 wurde Gargnano während des italienischen Risorgimento (Einigungsbewegung)

MERIAN-Tipp

Lago di Valvéstino und **Lago d'Idro** Ein lohnender Abstecher ist der fjordartige Stausee von Valvéstino, 14 km von Gargnano entfernt. Fahren Sie landeinwärts über den Ort Navazzo. Wenn Sie 20 km weiter bis zum Idro-See weiterfahren möchten, erreichen Sie ihn über das grüne Valvéstino-Tal und die Bergdörfer Vico/Zumiè und Capovalle. Es erwartet Sie eine steile, enge, kurvenreiche Straße und eine schöne Berglandschaft. Es ist übrigens durchaus ein wenig amüsant, wenn man auf der Fahrt nach Valvéstino den Monte Pizzócolo – im Volksmund »Napoleons Nase« genannt und Wahrzeichen des Gardasees von der Ostküste aus gesehen – auf einmal, nämlich vom Norden her, in ganz anderer Form wahrnimmt. ◼ AB 5-6, S. 118

von den Österreichern beschossen. Im neoklassizistischen **Palazzo Feltrinelli** waren von September 1943 bis April 1945 die Ministerien der faschistischen »Republik von Salò« zu Hause. Heute ist er Sommersitz der Universität Mailand. Hier finden im Juli und August Kurse für Ausländer zur »italienischen Sprache« und »Landeskultur« statt. 1 km weiter in Richtung Limone, direkt am See: die gleichnamige Villa, in den letzten zwei Kriegsjahren Mussolinis Hauptquartier.

Hotels/andere Unterkünfte

Palazzina
Angenehme Unterkunft im Ortsteil Villa, über einem alten Zitrusgewächshaus gebaut, mit Swimmingpool im Garten.
Ortsteil Villa; Tel. und Fax 03 65/7 11 18; 44 Betten ★★

Villa Giulia
Eine ruhige Villa direkt am See gelegen, mit großem Swimmingpool, Olivenbäumen und schönen, nostalgisch eingerichteten Zimmern.
Tel. 03 65/7 10 22, Fax 03 65/7 27 74 33 Betten ★★

Sehenswertes

San Francesco
Wunderschön ist der unversehrte spitzbogige Kreuzgang rechts neben Kirche und Kloster San Francesco, 1289 gebaut. Nicht von ungefähr heißt er im Volksmund der »Stein-Zitronengarten«: In die Kapitelle sind anstelle von Monstern und Dämonen Zitronen und Orangen eingemeißelt. In der Kirche sollten Sie die schönen Intarsien an den Seitenaltären beachten.
Am Ortseingang rechter Hand; Ende Juli–Ende Aug. tgl. 10–13 und 15–20 Uhr, sonst 9–18 Uhr

Essen und Trinken

Baia d'Oro
Der Besitzer und Maler Giambattista Terzi hat hier seine Bilder ausgestellt. Er vermietet einige Zimmer.
Di geschl. ★★★

La Tortuga
→ MERIAN-Tipp, S. 19

Malerisch: der Blick über Gargnano auf den See.

EXTRA: GARDASEE MIT KINDERN

Im Umkreis des Gardasees ist Gardaland bei weitem nicht die einzige Anlage, die Kinderscharen erwartet. Es gibt zum Spaß der Kleinen Wasserparks mit Sport- und Spielgelegenheiten, mit Rutschbahn und Kletternetz, Planschbecken und Minigolf. Feuer-

Gardaland ■ E 10, S. 121
Riesiger Vergnügungspark à la Disneyworld. Zum vielseitigen Programmangebot gehört noch eine Robben- und Delfinshow. Vermeiden Sie wegen des enormen Besucherandrangs das Wochenende!

Gardasee heißt für Kinder alles andere als Langeweile! Denn hier gibt es Attraktionen in Hülle und Fülle für kleine und große Urlauber – allen voran natürlich Gardaland.

werk und Volksfeste zum Bestaunen und Miterleben arrangieren alle größeren Ortschaften für die Gäste. Man kann die Kinder mitnehmen auf Autosafari, in den Zoo, in den Dinosaurierpark, in den Botanischen Garten, auf See-Kreuzfahrt, sogar in die altrömische oder prähistorische Vergangenheit.

3 km von Peschiera in Richtung Lazise an der Gardesana-Straße. Neue Gaudi für Kinder: »Gardaland-Station« à la Far West, am Bahnhof Peschiera. Von dort: gratis Pendelbus. Tel. 0 45/6 40 03 00, 6 44 97 77; Ende März–Ende Juni und 9.–30. Sept. tgl. 9.30–18.30 Uhr; 1. Juli–8. Sept. tgl. 9–24 Uhr; Okt nur Sa und So 9.30–18.30 Uhr; Eintritt Erwachsene 20 €, Kinder von 2 bis 10 Jahren 16 €; zu den Vorführungen im

größten Delfinarium Italiens **Palablu** zusätzlich 2,50 €

Grotte di Catullo ■ C 9, S. 120
Besichtigt werden hier keine Grotten, sondern die Reste einer altrömischen Riesenvilla. Eine faszinierende Ruinenlandschaft in herrlicher Lage. Kinder fahren gerne mit der Bimmelbahn dorthin. Öffnungszeiten und Eintritt (→ S. 72).

Il Mondo di Càneva ■ E 10, S. 121
Die größte Wassersport-Attraktion am See: Wasserrutschbahnen, -Kletternetz, geheizte Swimmingpools (25 °C) und Wellenbad. Zwei andere Attraktionen: Eiskunstlaufen unter strahlender Sonne und eine 30 m hohe »Stukas«-Rutschbahn!
An der Gardesana-Straße (3 km südlich von Lazise); Tel. 0 45/7 59 06 22; 15. Mai–16. Sept. tgl. 10–19 Uhr und zusätzlich Juli/Aug. 18–23 Uhr; Eintritt Erwachsene 15 €, Kinder 12,50 € (Karten gültig für zwei Besuche in einer Woche)

Dinosaurier hautnah im Zoo des Parco Faunistico del Garda.

Monte Baldo ■ F 5-6, S. 119
Mit der Seilbahn von Malcésine auf den Monte Baldo.
Bergstation Bocca Tratto Spino; tgl. jede halbe Stunde 8–19 Uhr; Fahrpreis hin und zurück 10 €; Hinfahrt 7 €

Le Ninfee ■ C 11, S. 120
Von der großen Rollschuhbahn (mit Parabolkurve und tollen Lichteffekten) ab in die zwei Swimmingpools! Geeignet für Teenager. Für die ganz Kleinen: Schwimmbecken mit Mini-Rutschbahn.
S. Martino della Battaglia (2 km von der Autobahn-Ausfahrt Sirmione); Tel. 0 30/ 9 91 04 14; Mai–Sept. (Öffnungszeiten variieren); Eintritt 7,50 € an Wochentagen, 9 € am Sonntag; 11,50 € am Abend

Parco Natura Viva ■ F 10, S. 121
Autosafari und Tiergarten
Ein Autosafari-Park – unter deutscher Leitung – auf einem 24 ha großen Gelände, 10 km von der Brenner-Autobahnausfahrt »Affi« entfernt (ausgeschildert). Hier können Sie im Auto in hügeliger Landschaft mindestens eine Stunde lang (allerdings nur bei geschlossenem Fenster) Nashörner, Löwen und Tiger im Freien beobachten. Im benachbarten Zoo gibt es den »Dinosaurierpark« mit naturgetreuen Nachbildungen der ausgestorbenen Riesentiere.

Parco Safari
Tel. 0 45/7 17 00 52; 15. März–31. Okt. tgl. 9.30–16.30 Uhr; 1. Nov.–14. März Sa und So 10 –16 Uhr (nur bei schönem Wetter); Eintritt Erwachsene 7 €, Kinder bis 12 Jahren 5 €, inkl. Besuch des Parco Faunistico

Parco Faunistico
Tel. 0 45/7 17 00 52; tgl. 9–17.30 Uhr; 1. Nov.–14. März Mi geschl., sonst 9 Uhr bis 15 Uhr; Eintritt Erwachsene 8 €, Kinder bis 12 Jahren 1 € inkl. Besuch des Parco Safari

Eine eindrucksvolle Ferienstraße windet sich von Gargnano über Tignale und das Hochplateau von Tremósine bis hinunter nach Limone.

Die Uferstraße ist zum Teil spektakulär in die Felsen gebaut.

Über das Hochplateau von Tremósine

Naturliebhaber und Abenteuerlustige, die schwindelfrei und geübte Autofahrer sind, sollten diese Tagestour auf keinen Fall auslassen.

Kurz hinter Gargnano in Richtung Limone geht es los: Auf der westlichen Gardesana-Straße fährt man zunächst durch eine Reihe von Tunnels, die teilweise zur Seeseite hin offen sind und prachtvolle Ausblicke auf steile, in den See abstürzende Felswände bieten.

Gargnano ○

ss45

11 km

Tignale ○

2 km

Madonna di ✳
Castello

11 km

Sermerio ○

7 km

Pieve ○

Bald zweigt, mit einer jähen Linkskurve, die engere, aber gut asphaltierte Straße von der Gardesana ab, die über **Gardola** zur Hochebene von Tignale hinaufführt. Tignale liegt rund 500 Meter hoch und bietet eine bezaubernde Aussicht. Von den Hügeln der Brescianer Voralpen hat man einen herrlichen Blick auf terrassenförmig abfallende Felsenriffe. Von dort aus erreicht man in fünf Autominuten die auf einem steil abfallenden Felsvorsprung hoch über dem See gelegene Wallfahrtskirche Madonna di Castello. Wenn Sie die recht enge Auffahrt geschafft haben und auf dieser steil abfallenden Straße (25 Prozent) heil wieder unten angekommen sind, biegen Sie gleich rechts in die Landstraße in Richtung **Sermerio** ab.

Die Landschaft erinnert an die Schweiz: Ab und zu tauchen Gehöfte auf; Kühe mit schweren Glocken am Hals liegen auf saftiggrünen Wiesen; im Sommer stapeln die Bauern das Heu in duftenden Haufen zum Trocknen auf. Eine wohltuend ruhige Gegend zum »Sauerstofftanken«.

Erst in Sermerio kommt der Gardasee wieder zum Vorschein und rückt immer näher, je weiter die Straße durch die hügelige Landschaft über **Pregasio** nach **Pieve** bergab führt.

Der blumengeschmückte alte Ort Pieve lädt zum Rasten ein. Suchen Sie hier zu Fuß das etwas versteckte Terrassenrestaurant **Miralago** (Wegweiser) auf. Der Blick wird Ihnen fast den Atem verschlagen: Sie stehen auf einer »Schauderterrasse« – aus fast 350 Meter Tiefe starren Ihnen senkrecht emporragende Felswände zu beiden Seiten drohend entgegen!

Dauer: Tagestour; **Karte:** CD 5-6, S. 118/119, BC 4, S. 116

An Pfahlbauten vorbei zu jahrhundertealten Buchen

Achten Sie gleich bei der südwestlichen Ortsaus-fahrt aus Riva darauf, nicht die Gardesana ein-zuschlagen, sondern die **SS 240** in Richtung **Val di Ledro** zu nehmen. Diese verläuft auf einer kurzen Strecke parallel zur westlichen Gardesana und führt gleich am Anfang durch einen längeren Tunnel. In der Nähe des Wasserfalls, mit dem das Flüsschen Ponale in den Gardasee stürzt, macht unsere Straße eine Haarnadelkurve und windet sich dann in Serpentinen bald immer höher, um oberhalb der Ponale-Schlucht in das nach Westen sich hinziehende **Ledro-Tal** einzumünden. Wir fah-ren auf der 1851 unter den Österreichern erbauten Sperone-Straße an den Dörfern **Biacesa** und **Prè** vorbei. Sie ist heute gut asphaltiert und erreicht bei **Molina di Ledro** den etwa 650 Meter hoch lie-genden Ledro-See. Sehr malerisch der Blick auf den mit weißen Segeln gesprenkelten Wasserspie-gel, der nicht nur des Himmels Blau, sondern auch das Grün der Wälder an den umliegenden Berghän-gen reflektiert. Es lohnt sich, zum Ufer hinunterzu-fahren und den Spuren der Bronzezeitmenschen zu folgen.

Knapp drei Kilometer lang ist der See. Man fährt an seinem Nordufer, über **Mezzolago**, bis Pieve di Ledro an seiner Westspitze weiter; dann waren es nicht mehr als 15 Kilometer von Riva. In den letzten Jahren erlebte der Ledro-See einen großen Auf-schwung (Information: **Consorzio Pro Loco**, Via Nuova 9, 38060 Pieve di Ledro, Tel. 04 64/59 12 22. Dem Naturfreund empfehlen wir, dort für 2,60 € die detaillierte **Wanderkarte** der Ledro-Alpen zu besorgen).

Wir fahren noch einen Kilometer weiter in west-licher Richtung bis zum Dorf **Bezzecca** und dann von dort, an der Kirche vorbei, nach Norden, um bei Locca das stille **Concei-Tal** des Baches **Assàt** zu er-reichen. Fünf Kilometer sind es noch – über **Enguiso** und **Lenzumo** – bis zum nur »Schutzhütte« genann-

Riva

ss240

5 km

Biacesa

3 km

Molina di Ledro

ss240

4 km

Pieve di Ledro

ss240

2 km

Bezzecca

2 km

Lenzumo

Lenzumo ○

5 km

Rifugio al Faggio ○

ten Rifugio al Faggio. Die über 100 Jahre alte riesige Buche (**faggio**) steht noch dahinter: ein Geheimtipp für Feriengäste, die Ruhe in Hotel und Umgebung wie auch erlesene Kochkunst im stimmungsvollen Restaurant suchen. Zwischen Tannenwäldern und Haselnussgesträuch führt der gerade Schotterweg dorthin, auf 1000 Meter Höhe. An beiden Seiten dunkelgrüne Berghänge, linker Hand ein Trimm-dich-Pfad, mit Picknickplatz unter den Fichten.

Kurz nach dem Rifugio, bei der **Glera-Brücke** über dem Bach, hört die Fahrstraße auf, und ein steiler Saumpfad mit der Markierungsnummer 414 bietet sich zur Wanderung in der herrlichen Bergluft Richtung Tal-Ende an. Anfangs ist der Pfad in den Felsen gehauen und führt an einem Wasserfall vorbei, dann weiter hinauf zur Alm Malga Guì (1444 Meter). Von dort geht es in westlicher Richtung bis zu der Stelle, wo sich die Wanderwege 414, 414/b und 452 in der Nähe der Lumar-Hütte (1531 Meter) treffen. Sie müssen nicht Nr. 414 bis zum Pass **Bocca dell'Ussol** (1879 Meter) und weiter, rechter Hand, Nr. 455 bis zum **Gaverdina-Gipfel** (2047 Meter) folgen, wenn Ihre Zeit und Kraft nicht ausreichen. Nehmen Sie dann lieber den Pfad 414/b, der im **Lumar-Tal**, in südöstlicher Richtung, auf dem kürzesten Weg zum **Rifugio al Faggio** zurückführt.

Der tüchtige Bergsteiger wird mit diesem traumhaften Panorama belohnt.

Dauer: Tagesausflug; **Karte:** CD 1-3, S. 116/117

Wanderungen auf dem Monte Baldo

Das 35 Kilometer lang gestreckte Bergmassiv an der Ostseite des Gardasees, oberhalb von Malcésine, wird seiner reichen Alpenflora wegen zu Recht als »Botanischer Garten Europas« bezeichnet. Besonders schön ist der Höhenweg 651 zum Gipfel **Punta del Telégrafo** (2200 Meter) des **Monte Maggiore**, von dem aus man an klaren Tagen die Kulisse der Brenta-Dolomiten vor Augen hat. Etwa vier Stunden hin und so viel auch zurück.

Unerlässlich für alle Touren: eine gute Ausrüstung.

Sehr eindrucksvoll ist der Weg Via delle Creste für geübte Wanderer, vom CAI (italienischer Alpenverein) markiert. Er gehört zum »Europäischen Fernwanderweg E5 Konstanz–Bozen–Venedig« und ist nur im Sommer sowie im Spätsommer, vom 20. Juni bis zum 10. Oktober, begehbar: in zweieinhalb Tagen zu bewältigen, wenn man in den Hütten **Monte Altissimo** und **Telégrafo** übernachtet.

Wer in Seenähe bleiben möchte, der spaziert oder fährt die von Olivenbäumen gesäumte Panoramastraße entlang bis zur Mittelstation San Michele (552 Meter). Auf dem Rückweg kann man zur Abwechslung in **Passo Campiano** rechts in den nördlichen Teil der Panoramastraße, die sich bis Malcésine hinunterwindet, abbiegen.

Wichtig: eine gute Wanderkarte und einen Pullover mitnehmen. Die Temperaturen können gegen Abend bis um 15 Grad niedriger sein als unten am See.

Wir empfehlen die Anschaffung der besonders detaillierten Wanderkarte der Alpinistenvereine (Maßstab 1:25 000), der eine deutschsprachige Beschreibung der Wanderwege beigefügt ist. Auf 38 Seiten sind darin rund 60 Wanderwege mit Hinweisen auf die Schwierigkeitsstufen und Gehzeiten beschrieben (Herausgeber ist die Sparkasse von Verona, Vicenza, Belluno und Ancona; 7,50 €). Zu finden in Buch- und größeren Tabakläden.

Herausforderung auch für Mountainbike-Freaks

Karte: → E 5-6, S. 119

Von A(nreise) bis Z(oll). Mit genauer Klimatabelle, Geschichte auf einen Blick, Register und vielen anderen nützlichen Infos.

In der Nachsaison geht es auch am Bootshafen von Garda ruhiger zu.

SUSANNA

Anreise

Mit dem Auto

Wenn Sie mit dem Auto den Gardasee ansteuern, fahren Sie auf der **Brenner-Autobahn A 22** in Richtung Verona – Modena. Je nachdem, wo Ihr Zielort liegt, können Sie die Ausfahrt bei Mori und dann die **Straße 240** nach Torbole – Riva wählen oder weiter nach Süden fahren, um von der Ausfahrt Affi aus die **Ostküstenstraße 249** (Gardesana) bei Bardolino, Garda oder Torri zu erreichen. Diese führt dann auch nach Lazise und Peschiera weiter. Nach Malcésine kommt man am besten über Torbole.

Wenn Sie auf der Autobahn bleiben, erreichen Sie bald nach der Ausfahrt Verona-Nord die Kreuzung mit der **A 4**, die in Richtung Brescia – Milano nach Peschiera, Sirmione oder Desenzano führt. Ab Desenzano können Sie die **Straße 572** nach Salò nehmen; von dort aus leitet die tunnelreiche westliche Gardesana (**45 b**) nordwärts weiter über Gardone, Toscolano – Maderno, Gargnano, Limone bis nach Riva. Oder Sie benutzen die **Autofähre** zwischen Torri und Maderno, um auf diese Weise von der Ost- zur Westküste zu gelangen oder umgekehrt. Im Sommer fährt sie 15-mal, zwischen 8.20 und 19 Uhr ab Maderno und zwischen 9 und 19.40 ab Torri (Fahrzeit: 30 Minuten). Und wer die Autobahngebühren sparen möchte, mag auch die alte, aber gut asphaltierte **Brennerstraße 12** wählen: Sie verläuft parallel zur Autobahn im Eisack- und Etschtal.

Aus der Schweiz und aus Liechtenstein kann man über Chur im Rheintal zum Kleinen St. Bernhard fahren und von dort über Bellinzona, Lugano, Como, Mailand der **Autobahn** in Richtung **Brescia – Verona** bis zum südlichen Gardasee-Ufer folgen. Dasselbe gilt auch für die Österreicher, die aus Wien lieber den **Autoreisezug** bis zur End- und Grenzstation **Feldkirch** wählen.

Einige Regeln sollten Autofahrer unbedingt beherzigen, damit ihr Gardasee-Urlaub unbeschwert bleibt: Wenn Ihr Hotel keine Garage bzw. keinen Parkplatz hat, parken Sie Ihr Auto nur dort, wo es erlaubt ist (im Notfall fragen Sie die Polizisten auf der Straße; sie sind Ihnen gerne behilflich). In den letzten Jahren sind die **Strafgebühren** empfindlich gestiegen. Anfang 1993 trat eine strengere Verkehrsordnung in Kraft. Nichts im Wagen liegen lassen und auch nicht vergessen, gegebenenfalls die Alarmanlage einzuschalten. Besonders gefährdet sind auffällig neue Luxusschlitten und Sportautos. Für Parkuhren und Toiletten ist es ratsam, reichlich Münzen vorrätig zu haben. Zulässige Höchstgeschwindigkeiten für Pkw außerhalb geschlossener Ortschaften sind 90 km/h (mit Anhänger 80 km/h); auf Autobahnen: 110 km/h (100 km/h).

Mit dem Zug/dem Bus

Aus Deutschland reisen die meisten Gäste über München und den Brenner nach Verona. Aus München ist besonders der bequeme Eurocity-Zug »Garda« zu empfehlen, den man in Rovereto, östlich vom Nordende des Sees, nach viereinhalb Stunden, in Verona, östlich vom Südostende des Sees, nach fünfeinhalb Stunden oder in Desenzano, am Südwestende, nach sechs Stunden verlässt. Es gibt ebenfalls eine Anreisemöglichkeit über Mailand und von dort in Richtung Verona weiter, wobei einige Züge auch in Desenzano oder Peschiera am Gardasee halten.

Vom Bahnhof Rovereto aus gibt es täglich mehrere Busverbindungen nach Torbole und Riva, z. B. Linie 6 der Gesellschaft »Atesina« (Tel. in Riva: 4 55 23 13/55 23 85). In Verona liegt die Endstation der blaufarbenen

Fernbusse (**corriera**) gegenüber dem Bahnhof. Die Buskarten müssen Sie im Voraus am Schalter im Gebäude der Busstation kaufen; dort sind auch die Fahrpläne erhältlich. Es gibt regelmäßige, häufige Busverbindungen sowohl in Richtung Sirmione (1 Stunde) als auch das ganze Ostufer entlang (Fahrzeit bis Endstation Riva: zweieinviertel Stunden). Information: APTV, Tel. 0 45/8 00 41 29.

Mit dem Flugzeug

Der Zielflughafen ist Valerio Catullo in Verona-Villafranca: aus München EN 2697 tgl. ab 19.45, an 20.55 Uhr; EN 2699 tgl. außer Sa ab 15.05, an 16.10 Uhr, EN 2695 tgl. außer Sa, So ab 10.35, an 11.45 Uhr. Aus Frankfurt/M. EN 2671 tgl. ab 10.00, an 11.40 Uhr. Aus Wien NG 215 tgl. außer Sa ab 20.05, an 21.15 Uhr. Vom Flughafen dann mit Bus oder Taxi zur Endstation der Gardasee-Buslinien am Bahnhofsplatz in Verona. Rückflugbestätigung in Verona über Tel. 0 45/8 09 56 66.

Auskunft

Staatliches Italienisches Fremdenverkehrsamt (E.N.I.T.)

In der Bundesrepublik Deutschland
– Kaiserstr. 65
60329 Frankfurt/Main
Tel. 0 69/23 74 34, Fax 23 28 94
– Goethestr. 20
80336 München
Tel. 0 89/53 13 17, Fax 53 45 27
– Karl-Liebknecht-Str. 34
10178 Berlin
Tel. 0 30/23 14 69 17
Fax 23 14 69 21

In Österreich
Kärntnerring 4, 1010 Wien;
Tel. 01/50 54 37 40, Fax 5 05 02 48

In der Schweiz
Uraniastr. 32, 8001 Zürich;
Tel. 0/1/2 11 36 33, Fax 2 11 38 85

Die örtlichen Fremdenverkehrsämter in Italien heißen nicht mehr E.P.T. (Ente Provinciale per il Turismo), sondern seit 1988 offiziell **A.P.T.**

Entfernungen (in km) zwischen wichtigen Orten am See

	Bardolino	Garda	Lazise	Limone	Malcesine	Riva	Salò	Sirmione	Torbole	Toscolano-Maderno	Verona
Bardolino	–	3	6	60	32	50	47	26	46	51	29
Garda	3	–	9	57	29	47	50	29	43	57	33
Lazise	6	9	–	62	38	56	56	20	52	48	24
Limone	60	57	62	–	28	10	39	69	14	30	90
Malcesine	32	29	38	28	–	18	79	49	14	58	62
Riva	50	47	56	10	18	–	47	67	4	40	80
Salò	47	50	41	39	79	47	–	27	51	7	56
Sirmione	26	29	20	69	49	67	27	–	72	34	35
Torbole	46	43	52	14	14	4	51	72	–	44	76
Toscolano-Maderno	51	57	48	30	58	40	7	34	44	–	76
Verona	29	33	24	90	62	80	56	35	76	76	–

(Azienda di Promozione Turistica).
Wenn Sie also an Ihrem Ferienort am
Gardasee das Fremdenverkehrsbüro
aufsuchen wollen, halten Sie Ausschau nach dem APT (ausgesprochen »apiti«), oder fragen Sie einfach nach dem **ufficio informazioni.**
Es kann Ihnen auch passieren, wie
z.B. in Salò, dass nur das Kürzel
**I.A.T. (Informazione Accoglienza
Turistica)** oder in kleineren Orten –
etwa in Gargnano – **Pro Loco** über
der Eingangstür steht. Keine Sorge:
Sie alle sind Informationsämter, die
Ihnen gerne Auskunft geben.

Banken

Öffnungszeiten: Mo–Fr 9–13.30 Uhr.
Viele öffnen auch nachmittags
14.40–16.15 Uhr.

Camping

Die meisten Zelte und Bungalows
liegen zwischen Garda und Peschiera am Ostufer sowie zwischen
San Felice del Benaco und Desenzano an der westlichen Riviera. Der
größte ist **Piani di Clodia** bei Lazise
(235 000 qm).

Diplomatische Vertretungen

Alle drei für den Gardasee zuständi-
gen Konsulate sind in Mailand:

Konsulat der Bundesrepublik Deutschland
Via Solferino 40; Tel. 02/6 55 44 34;
9–12 Uhr, Sa geschl.

Konsulat der Republik Österreich
Via Tranquillo Cremona 27;
Tel. 02/4 81 20 66;
9–12 Uhr, Sa geschl.

Konsulat der Schweiz
Via Palestro 2; Tel. 02/76 00 92 84;
9–12 Uhr, Sa geschl.

Einkaufen

Nehmen Sie sich Zeit für einen ausgedehnten Streifzug durch die vielen
Boutiquen, Tante-Emma-Läden und
über die Märkte rund um den See.
Mit ein wenig Glück und Geschick
lässt sich manches Kostbare und
Köstliche entdecken, manches Geschmackvolle oder Wohlschmecken-
de aufstöbern.

Spezialitäten aus der Region
Spezialitäten sind das reine, kaltge-
preßte **Olivenöl**, der **Bienenhonig**
aus den verschiedensten Blüten (von
Erika bis Edelkastanien) der Garda-
Flora und die naturbelassenen **Rot**-
und **Weißweine** der Umgebung. Besonders ursprünglich, kontrolliert
und für seine Qualität preiswert be-
kommt man das Öl in den Genossenschaften (etwa in der Cooperativa
Agricola von Limone oder im Consorzio Olivicultori von Malcésine). Auch
das **Ölmuseum** in Cisano, zwischen
Bardolino und Lazise, bietet erstklas-
siges Öl zum Verkauf an.
   Ein Geheimtipp für Öl- und Wein-
kenner ist u. a. **Venturelli** in Raffa di
Pugnago, in den Valténesi-Hügeln
südwestlich von San Felice del Benaco. Hier dominieren eindeutig die
Weiß- und Roséweine, insbesondere
Lugana und **Chiaretto**. Wer sich
zunächst einen Gesamtüberblick
verschaffen möchte, kehre in die
Wein-(Imbiss-)
Stube **Cantina Santa Giustina** ein.
Unter diesem Kellergewölbe werden
über 40 eisgekühlte Weißweine angeboten. Den trockenen Lugana sollte man auf keinen Fall verachten.
(Unser Tipp: Bestellen Sie den
hauchdünn geschnittenen Rohschinken dazu!) In dieser Cantina gibt es
ausnahmsweise keinen Weinverkauf
über die Straße. Sonst ersteht (und
kostet) man Qualitätsweine am besten in den so genannten **cantine**, den
Kellereien der Weinproduzenten

selbst. Allein in den Hügeln südlich von Bardolino gibt es mehr als 40 Weinbetriebe. Bardolino ist der Name von Ort und Rotwein in einem. Um einen guten **Bardolino** auszusuchen und auf Nummer Sicher zu gehen, sollten Sie bei der renommierten Kellerei **Guerrieri-Rizzardi** Station machen: eine seriöse Weinproduzenten-Familie mit alter Tradition. Nur Insidern bekannt sind hingegen die Bardolino-Weine der Kellereien **La Rocca** und **Ca' Vecia** – noch ein Geheimtipp. Wer in Malcésine verweilt, kann jede Art der süffigen Tropfen gleich an der Theke der winzigen **Bottega del Vino** kosten (→ S. 48). Ein reiches Angebot an Frischobst und knackigem Gemüse finden Sie auch auf den **Märkten**. Dort gibt es neben Lebensmitteln meist auch Kleidung, Schuhe und Haushaltswaren.

Kunst und Antiquitäten

Kunstfreunde und -sammler wird der **Antiquitäten-** und **Trödelmarkt** in Desenzano und Gargnano interessieren. Ob auf der Piazza oder im alten Kreuzgang – überall werden hier schöne Möbel und Lampen angeboten. In Torri del Benaco gibt es seit 1992 in den Sommermonaten unter dem Sternenhimmel den **Mercatino d'altri tempi** (wörtlich übersetzt: »kleiner Markt aus vergangenen Zeiten«). Eine Fundgrube für jene, die sich neben Antiquitäten auch für Fossilien, Mineralien und das einheimische Kunstgewerbe interessieren.

Boutiquen und Feinkostläden

Modebewusste Italienerinnen decken sich gern in den eleganten **Boutiquen** und **Schuhgeschäften** von Sirmione, Salò oder Riva ein, den drei Gardasee-Orten mit Stadtcharakter. Auch die besten **salumerie**, Feinkostläden, sind hier beheimatet. Frische **Steinpilze**, die besten **Käsesorten** (würzigen **provolone** oder cremigen **mascarpone**) zu ergattern und zu ver-

zehren , die saftigste **mozzarella di bufala** (echten Büffelkäse) zu finden, ist ein wahrer Genuss.

Sind Sie in **Salò**, versäumen Sie es nicht, in die Cafébar **Vassalli** in der Via San Carlo einzukehren. Hier knabbert man mit Vorliebe **croki**-Plätzchen – ein himmlisches Nusskrokant – zum kräftig aromatischen Cappuccino und zur exquisiten Kombination aus den verschiedensten Eissorten. Im Schaufenster: erlesene **Grappasorten** – in winzigen bis riesigen Flaschen mit den bizarrsten Formen abgefüllt, auch als Mitbringsel sehr geeignet. Grappa-Freunde sollten die Mühe nicht scheuen, das gut sortierte Schnapslabor **Lega anti-analcolica** in Riva aufzusuchen, auch wenn es nicht ganz leicht zu finden ist. Für besonders anspruchsvolle Gaumen empfiehlt sich eine der ältesten Schnapsbrennereien, die von **Gobetti** (liegt versteckt gegenüber dem Golfplatz von Marciaga in den Hügeln oberhalb Gardas).

In Torbole oder Limone fallen die Schaufenster der **Sportgeschäfte** mit ihren bunten Surfanzügen und -brettern ins Auge. Wer nach **Keramik** Ausschau hält, kommt in Riva und Sirmione, aber auch in Bardolino, Torri und Garda auf seine Kosten. Unser Tipp: Wenn Sie wandern möchten, besorgen Sie sich die **Wanderkarten** noch in Deutschland, denn die sind meist detaillierter als die italienischen. Die **Öffnungszeiten** der Geschäfte am Gardasee: montags bis samstags von 9 bis 13 Uhr und von 15 bis 19.30 Uhr. Von Ostern bis in den Oktober hinein haben viele Läden allerdings bis 22 Uhr geöffnet, ebenso an Sonntagen, einige sogar durchgehend.

Feiertage

1. Jan.	Neujahr
6. Jan.	Dreikönigstag
Ostermontag	Pasquetta

25. April	Anniversario della Liberazione (Tag der Befreiung vom Faschismus)
1. Mai	Tag der Arbeit
15. Aug.	Mariä Himmelfahrt
1. Nov.	Allerheiligen
8. Dez.	Unbefleckte Empfängnis
25. und 26. Dez.	Weihnachten

Feste und Festspiele

März
Festa di mezza quaresima
Damit das Fasten nicht gar zu mühselig wird, feiern die Bewohner von Limone an einem Tag im März »Halbzeit« (wörtlich »das Fest der halben Fastenzeit«).

April
Karfreitagsprozession
Ein besonders beeindruckendes Fest findet in den Olivenhainen bei Castelletto di Brenzone, südlich von Malcésine, statt: die Darstellung des Passionsgeschehens.

San Filippo Neri
Torris Schutzheiliger wird mit einer nächtlichen Segelregatta geehrt. Der Höhepunkt: Auf dem Wasser wird ein kleines Segelboot verbrannt, und hunderte von kleinen Lichtern werden über die Wellen geschickt.
26. Mai

Festa popolare del lago
Gardasee-Fische und Weißwein gibt es kostenlos auf der Piazza Garibaldi in Limone.
Ein So im Juni

Notte di fiaba
Diese »Märchennacht« wird in Riva gefeiert. Schönes Feuerwerk mit Musik. Dazu werden gratis frittierte Sardinen gereicht.
21. Juni und 19. Sept.

Gara delle Bisse
An dieser ebenso berühmten wie traditionsreichen Rudermeisterschaft nehmen fast alle größeren Ferienorte am Gardasee teil. Jede Ortschaft besitzt ein **bissa**, ein langes, schlankes Wettkampf-Ruderboot. Im Stil venezianischer Gondolieri rudern jeweils vier Teilnehmer stehend in ihrem Boot.
Juni–Sept. jeden So

Juli
Fiera S. Maria Maddalena
Ein großer »Potpourri«-Markt mit vielen Verkaufsständen (u. a. Bric-à-brac-Ware, Kleider, Lederwaren) findet alljährlich in Torbole am Seeufer statt.
22. Juli

Festa dei SS. Benigno e Caro
Kostproben lokaler Leckerbissen bietet das Fest zu Ehren der beiden Schutzheiligen von Malcésine.
26. Juli

Carnevale del Sole
Die Geschäftsleute von Salò kamen vor einigen Jahren auf die Idee, einen Karneval mitten im Sommer zu veranstalten.
Letzter Sa im Juli

Juli–Aug.
Festa dell'Ospite
Fast alle Orte feiern ein Fest zu Ehren ihrer Feriengäste. Unter freiem Himmel sorgen Musik und Tanz für gute Stimmung; regionale Spezialitäten versprechen Gaumenfreuden. Höhepunkt des Abends um Mitternacht: das obligate Feuerwerk.
In der Hochsaison

Jazz-Abende
Jazz-Abende finden in Torbole in Strandnähe unter einem Riesenzelt statt.
Juli oder Aug.

Konzerte

Musikfreunde wird das internationale Programm der »Musica Riva« interessieren. Begabte junge Künstler aus aller Welt stellen ihr Können in einer Reihe von Konzerten unter Beweis. Musikabende finden auch in Sirmione, Salò, Colà bei Lazise, Garda, Gardone Riviera, Gargnano, Toscolano-Maderno, Bardolino und Malcésine statt, Orgel- und Chorkonzerte in mehreren Kirchen (z. B. in Torri del Benaco und in Bardolino).
Auf die Sommermonate verteilt

Kunstausstellungen

Kunstliebhaber kommen in Torbole jeweils im Pavarese-Park und in der Via Segantini auf ihre Kosten. Info APT.
Juli und Aug.

Opernfestspiele in Verona

Feriengäste, die sich eine Aufführung in Veronas berühmter Arena ansehen möchten, werden mit Sonderbussen zu den Vorstellungen gefahren; auch für den Rücktransport in die Urlaubsorte ist gesorgt. Wenn Sie bei einem der örtlichen Reiseveranstalter (z.B. Benatours) buchen, sind Opernkarten und Fahrt im Pauschalpreis inbegriffen. Die genauen Termine aller Veranstaltungen erfragen Sie am besten in den örtlichen Fremdenverkehrsämtern. Es ist ratsam, rechtzeitig im Voraus die Buchung vorzunehmen.
Juli und Aug.

August
Segelwochen, Windsurfmeisterschaften

Riva, Campione und Torbole sind stolz auf ihre sommerlichen Segelwochen; in Torbole findet zusätzlich eine Surfmeisterschaft statt.
Hochsommer

Festa di Sant'Ercolano

Zu Ehren des Schutzheiligen Sant'Ercolano feiert man in Maderno ein Fest mit großem Feuerwerk.
11./12. Aug.

Palio delle Contrade

Spannend ist auch das Wettkampfrudern der Bewohner von Garda jedes Jahr. Die acht Ortsteile der Stadt stellen jeweils einen Ruderer.

Sagra di San Bernardo

Die alte Tradition des Festes zu Ehren des Hl. Bernhard ist 1993 in Garda wieder ins Leben gerufen worden: vier Tage Volksfest mit viel Essen, Trinken und Musik.
19.–22. Aug.

September
Centomiglia

»100 Meilen«, die renommierteste Segelregatta, startet im Yachthafen von Bogliaco.
Ein Wochenende im Sept.

Nebenkosten in Euro	
Ban der Bar, Tauf der Terrasse	
1 Espresso	1–1,50B/2,50T
1 Bier	1,25–3B/4T
1 Cola	1–2,50B/3,50T
1 Brot (ca. 500g)	1,00
1 Schachtel Zigaretten	1,75–2,75
1 Liter Benzin	1,00
Fahrt mit Bus (Einzelfahrt)	0,75
Mietwagen/Tag	ab ca. 40,00

Feuerzauber
Feuerzauber am Nachthimmel gibt es am Hafen von Toscolano.
8. Sept.

Sagra dei Osei
In Cisano trällern im September gefiederte Sänger um die Wette. Der traditionelle Vogelsingwettbewerb beginnt am frühen Morgen mit einem munteren Tirilieren aus vielen kleinen Kehlen.
6.–9. Sept.

Festa alpina
Ein Alpenfest mit regionalen Spezialitäten und Livemusik wird auf der Segala Bonaventura, einer Berghütte in Fortini bei Limone, gefeiert.
2. So im Sept.

Festa dell'Uva
Bardolino kredenzt seinen Rotwein und den frisch gepressten Saft seiner Rebe auf seinem alljährlichen Traubenfest. Krönung des Abends: ein Feuerwerk.
Letztes Wochenende im Sept. oder erstes Wochenende im Okt.

Fernsehen

Deutschsprachige Sender können in einigen der besten Hotels empfangen werden.

Geld

Seit dem 1. Januar 1999 sind die Umrechnungskurse zwischen den Währungen der Mitgliedsstaaten der Europäischen Währungsunion und dem Euro festgelegt. Preise sind in diesem Reiseführer durchgängig in Euro angegeben. Zur Erinnerung: 1 € = 1,95583 DM = 1936, 27 Italienische Lire = (Stand April 2001) 1,53 sFr.
    Am 1. Januar 2002 werden die Euro-Banknoten und -Münzen in Umlauf gebracht. Frühestens zu diesem Termin werden Sie also um die lästigen Wechselmodalitäten herumkommen. Spätestens am 1. Juli 2002 verlieren dann die einzelstaatlichen Währungen – also auch die Italienische Lire – ihre Gültigkeit als gesetzliche Zahlungsmittel.

Kreditkarten gewinnen zunehmend an Bedeutung; in der Regel können Sie in größeren Restaurants, Hotels und Geschäften damit zahlen.

Internet

Die Auskunftsstellen von Limone, Salò, Sirmione, Desenzano und Toscolano-Maderno haben alle dieselbe Internet-Adresse, nämlich die des APT-Zentralbüros in Brescia: http://www.gardanet.it/aptbs
Für Bardolino, Garda und Torri del Benaco gilt dieselbe Adresse, nur ohne bs am Ende.
Malcesine: http://www.malcesine.com
Riva und Torbole: http://www.garda.com

Notruf

Der Notruf ist in allen Städten gleich: Tel. 113. Der Anruf ist gebührenfrei.

Post

Öffnungszeiten: Mo–Fr 8.45–13.45 Uhr (am letzten Arbeitstag des Monats: 8.45–12 Uhr), Sa 8.45–11.45 Uhr, So geschl. Briefmarken (**francobolli**) erhält man auch in Tabakläden (**tabacchi**). In den italienischen Postämtern kann man im Allgemeinen nicht telefonieren.

Preisermäßigung

Gäste von vertragsgebundenen Hotels und Campingplätzen können bei ihrer Ankunft Kreditkarten erhalten: »Riviera Card « oder »Promotion Card«. Rabatt zwischen 10 und

50 % gewähren darauf die an der Aktion beteiligten Vergnügungsparks, Sport- und Seilbahnanlagen, Museen, Geschäfte, Restaurants, auch Fähre und Schiff. Auskunft bei APT.

Reisedokumente

Für deutsche, österreichische und Schweizer Bürger genügt der Personalausweis oder der Reisepass (bis zu drei Monaten Aufenthalt).

Reisewetter

Am Gardasee herrscht mediterranes Klima. Da der See im Norden durch die Berge geschützt ist, setzt der Frühling sehr zeitig im Jahr ein. April und Mai sind besonders empfehlenswerte Reisemonate, zum einen wegen der angenehmen, nicht zu hohen Temperaturen, zum anderen wegen der unvergleichlichen Blütenpracht zu dieser Zeit. Eine fast konstante

Brise sorgt in den Sommermonaten dafür, dass die Hitze nie als drückend empfunden wird. Der Herbst zieht sich bis tief in den Oktober hinein mit meist angenehmen warmen Temperaturen. Von November bis März muss mit Nebel gerechnet werden.

Rundfunk

Von April bis September informiert und unterhält **Radio Europa 23** täglich in deutscher Sprache (auf FM 91,00, 100,1, 107,00 MHz für die Feriengäste in Riva, Arco, Torbole, Malcésine, Limone und FM 103,1 für Urlauber in Limone, Torri, Bardolino, Lazise, Peschiera, Desenzano, Sirmione, Salò).

Stromspannung

Die meisten Hotels am Gardasee haben 220 Volt. Falls der deutsche Stecker Ihres Föns oder Rasierers

Die genauen Klimadaten vom Gardasee

		Januar	Februar	März	April	Mai	Juni	Juli	August	September	Oktober	November	Dezember
Durchschnittl. Temp. in °C	Tag	5,2	7,4	12,2	16,5	20,3	24,4	26,5	25,5	22,0	16,2	10,7	6,0
	Nacht	1,2	1,0	4,2	8,7	12,7	16,6	18,5	17,9	15,1	9,9	4,5	1,5
Sonnenstunden pro Tag		3,4	4,4	5,0	5,5	6,6	7,4	8,3	7,2	6,0	5,3	2,7	3,2
Regentage		5	5	7	9	11	10	8	8	7	8	8	6
Wassertemp. in °C		8	6	8	10	13	18	20	21	19	16	12	10

Quelle: Deutscher Wetterdienst, Offenbach

nicht passen sollte, bitten Sie an der Rezeption um einen Adapter (**spina di adattamento**).

Telefon

Vorwahlen
D, A, CH → I 00 39
I → D 00 49
I → A 00 43
I → CH 00 41
Vorwahlnummer von Bardolino, Garda, Lazise und Malcésine ist 045, von Riva und Torbole 0464, von Sirmione 030, von Limone, Salò und Toscolano-Maderno 0365.

Die örtliche, mit einer Null beginnende Vorwahlnummer muss auch bei Ortsgesprächen und bei Anrufen aus dem Ausland mitgewählt werden.
Telefonzellen oder öffentliche Telefone, z. B. in den meisten Café-Bars und in Geschäften mit dem Hinweis »Telefono Pubblico« (Aufschrift auf einer gelben Wählscheibe) finden sich überall, entweder mit Zähler (**a scatti**), Münzen oder Telefonkarten. Zwei **Mobiltelefonnetze** stehen zur Verfügung:
Kenn-Nr. 22201 – Telecom Italia Mobile
Kenn-Nr. 22210 – Omnitel Pronto Italia

Verkehrsverbindungen

Auto
Für Ausflüge zum gegenüberliegenden Seeufer empfehlen wir die zeit- und energiesparende **Autofähre** zwischen Torri del Benaco am Ostufer und Maderno am Westufer. Zwei Autofähren und drei Schnellboote pro Tag fahren neuerdings auch den ganzen See entlang von Riva nach Desenzano – und umgekehrt.

Leihwagen
Ein Auto zu mieten ist in allen größeren Orten problemlos möglich. Es empfiehlt sich aber, wegen der starken Nachfrage rechtzeitig zu reservieren!
Hier einige Adressen:

Avis
Garda, Via Colombo 3; Tel. 0 45/7 25 67 60
Riva; Tel. 0464/ 55 22 82

Rebusco
Salò, Via P. da Salò, 55; Tel. 03 65/4 31 59

Adventure Sprint
Hier können Sie Ferraris, Jaguare und sogar Oldies bekommen.
Desenzano; Tel. 0 30/9 14 03 64

Fahrräder
Fahrräder – vor allem Mountainbikes – sind am Gardasee neuerdings die Renner schlechthin (z. B. für »Ochsentouren« auf den Monte Baldo). Am besten finden Sie ein Zweirad bei:

**Carpentari-Sport
oder 3 S-Bike Scott Tour**
Torbole; Tel. 04 64/50 55 00 oder 50 60 77

Incontro-Sport
Limone; Tel. 03 65/95 41 71

Spighetta
Albisano-Torri del Benaco
Tel. 0 45/7 22 54 52
oder in Malcésine
Tel. 0 45/7 40 00 89

Und in Malcésine hat man das Glück, echte **Vespas** für eine Tour am See mieten zu können (Tel. 7 40 15 87).

Busse
Für nicht motorisierte Gardasee-Gäste gibt es auch Busse (**corriera**). Sie sind preiswert, fahren zuverlässig und halten in jeder größeren Ortschaft. Die Busse verkehren in den Sommermonaten regelmäßig zwischen **Riva** und **Peschiera**, und zwar von ca. 7 Uhr morgens bis spätestens 21 Uhr. Die Haltestellen sind: Riva, Torbole, Malcésine, Brenzone, Torri, Garda, Bardo-

lino, Lazise, Gardaland, Peschiera. Die Dauer der Fahrt beträgt maximal zwei Stunden. Die Route am anderen Seeufer führt von **Riva** nach Desenzano (über Limone, Tremósine, Tignale, Gargnano, Toscolano, Gardone, Salò, Manerba, Moniga, Padenghe und dauert maximal eineinhalb Stunden. Den Fahrplan erhalten Sie beim Informationsbüro oder direkt beim Busfahrer. Fahrkarten sind aber an den Haltestellen (oft im Tabakladen) vor dem Busbesteigen zu lösen!
Um einen Opernabend in der Arena von **Verona** zu besuchen, können Sie einen **Bus-Sonderservice** zu den Festspielen benützen (Reise- oder Auskunftsbüro).

MERIAN-Tipp

Viviverona ist eine neuerdings für Gäste am Gardasee eingeführte, preisgünstige integrierte Fahrkarte. Sie ermöglicht die Fahrt mit Schiff, Zug, Fern- und Stadtbus unbegrenzt für ein, zwei oder drei Tage, zum Preis zwischen 7,50 € und maximal 25 €.

Schiffverbindungen
Außer den Autofähren verkehren auch andere Fährschiffe (**battelli**) sowie Tragflügelboote (**aliscafi**) zwischen 8 und 20 Uhr. Alle halten in den größeren Ferienorten. Außerdem finden regelmäßig Dampfer-Vergnügungsfahrten statt. Der Preis für Erwachsene beträgt 15 €, Kinder zahlen die Hälfte.

Navigarda
Tel. 0 30/9 14 13 21, 9 14 13 22 oder 9 14 13 23

Zoll

Am 1. Januar 1993 sind die Zollkontrollen an den Binnengrenzen der Europäischen Union entfallen. Für Schweizer gelten die üblichen Mengenbeschränkungen.

Ob Opernfestspiel oder Zirkus – ein Besuch der Arena in Verona ist ein unvergessliches Erlebnis.

Bronzezeit
Bereits um 2000 v.Chr. waren die
Gebiete um den Gardasee besiedelt.

191 v. Chr.
Oberitalien wird zur römischen Provinz Gallia Cisalpina.

89 v. Chr.
Verona erhält die Rechte einer römischen Kolonie.

59–49 v. Chr.
Caius Julius Caesar ist Statthalter
von Gallia Cisalpina. Verona entwickelt sich als bedeutender Kreuzungspunkt der römischen Nachschubstraßen Via Gallica und Via
Claudia Augusta.

Um 15 v. Chr.
Römische Legionen besiegen unter
dem Oberbefehl von Drusus und Tiberius den rätischen Stamm der Tulliassi am Monte Baldo, im Gebiet
von Torri (damals Tulles).

395 n. Chr.
Infolge der Teilung des Römischen
Reiches gehört nun Norditalien zu
Westrom. Ab 404 ist Ravenna die
Hauptstadt.

403
Nach Einfällen der Vandalen während der Völkerwanderungszeit belagern die Westgoten unter Alarich
die Stadt Verona.

452
Attilas Hunnen verwüsten Verona.

476
Ende des Weströmischen Reichs.
Der germanische Söldnerführer
Odoaker nennt sich »König von
Italien« und verlegt seinen Sitz nach
Ravenna. 493 entmachtet ihn der
Ostgotenkönig Theoderich der
Große (Dietrich von Bern).

553
Zerstörung des Ostgotenreichs
durch Belisar und Narses, Feldherren des Kaisers Justinian.

568–774
Langobarden in Oberitalien.

773/774
Karl der Große besiegt das Langobardenreich. Sein Sohn Pippin wird
»König von Italien«. Er gründet die
Mark Verona (Gardasee gehört
dazu).

904
König Berengar I. hält sich in Torri
am Gardasee auf. Um sich vor den
Einfällen der in der Po-Ebene auf
Raubzügen bis Vercelli vorgestoßenen Ungarn zu schützen, hatte er die
Festung in Pai wieder herstellen und
in Torri die teils noch sichtbaren
Stadtmauern errichten lassen.

950
Berengar II. wird zum König gekrönt.
Auf der Burg von Garda hält er
Adelheid, die Witwe seines Vorgängers Lothar, gefangen. Ihr gelingt
mit Hilfe eines Mönchs die Flucht;
952 heiratet sie den deutschen
König Otto I. Dieser besiegt Berengar II., wird vom Papst zum Kaiser
gekrönt und herrscht über das
»Reichsitalien«. Er teilt Verona samt
Gardasee Bayern zu.

1004
Heinrich II. verleiht dem Bischof
von Trient eine Grafschaftsgewalt,
einschließlich Riva.

1162
Gründung der »Veroneser Liga« unter Teilnahme der Gardasee-Orte
gegen die Machtansprüche des Kaisers Friedrich Barbarossa. Vereinigt
mit dem »Lombardischen Bund«
siegt sie 1176 bei Legnano.

1260–1387
Blütezeit Veronas und des Garda-
seegebiets unter Herrschaft des kai-
sertreuen Geschlechts der Scaliger.

1387–1405
Die Mailänder Visconti reißen Vero-
na und den Gardasee an sich. Viele
Orte gründen Selbstverwaltungen.

1405
Venedig erobert Verona und das
Gardaseegebiet.

1439
Sieg der venezianischen Armee gegen die Visconti, dank eines Flotten-
transportes von der Adria nach Torbole.

1521
Venedig muss Riva an Trient abtre-
ten.

1796
Napoleon erobert Lombardei und
Veneto.

1797
Frieden von Campoformio: Ende
der venezianischen Herrschaft. Das
westliche Gardasee-Ufer fällt an die
von Napoleon gegründete »Cisalpi-
nische Republik«, das Ostufer und
Verona erhält Österreich.

1805
Napoleon gewinnt die neuen Besit-
zungen Österreichs für seine »Republik Italien« zurück. Trentino und
Südtirol gehen an Bayern.

1814/1815
Nach Napoleons Sturz teilt der
Wiener Kongress Lombardei und
Venetien – damit auch das Gardasee-
gebiet – wiederum Österreich zu.

1848–1870
Zeit des italienischen »Risorgimento«, der Einigungsbewegung.

Österreich muss 1866 Lombardei
und Venetien – nicht aber Trentino
samt Riva – dem 1861 neu gegrün-
deten Königreich Italien überlassen.

1919
Österreich verliert im Frieden von
Saint-Germain Südtirol, Trentino, das
nördliche Gardaseegebiet an Italien.

1943–1945
»Republik von Salò«: erbitterte
Kämpfe am Gardasee zwischen
Partisanen und Faschisten.

1946
Italien wird Republik.

1970
Bildung der italienischen Regionen.
Nun gehört das Veroneser Ufer des
Gardasees zum Veneto, das Bre-
scianer Ufer zur Lombardei und die
Nordspitze des Sees zum Trentino.

1992
Die neue separatistische »Lega
Nord« von Umberto Bossi erzielt
auch im Gardaseegebiet einen
massiven Erfolg.

1994
Nachdem Italien nach Kriegsende 52
Regierungen unter christdemokrati-
scher Allianz verschlissen hat, brin-
gen Neuwahlen mit der Regierung
des Medienbosses Silvio Berlusconi
eine Wende nach Mitte-Rechts.

2000/2001
Das Ausscheren von Bossis Lega aus
der Regierungskoalition führt nach
der Übergangsregierung Lamberto
Dinis erneut zu Neuwahlen. Mit
Unterstützung der Kommunisten
entsteht die Mitte-Links-Regierung
des Christdemokraten Romano
Prodi, dann des Exkommunisten
Massimo D'Alema. Im Jahr 2000 ist
Exsozialist Amato an der Reihe. Neu-
wahlen im Mai 2001.

Wichtige Wörter und Ausdrücke

ja	si
nein	no
bitte	per favore, per piacere
und	e
Wie bitte?	Prego, come?
Ich verstehe nicht	Non capisco
Entschuldigung, entschuldigen Sie	scusa, scusi
Guten Morgen, guten Tag	buon giorno
Guten Abend	buona sera
Gute Nacht	buona notte
Hallo	ciao
Ich heiße ...	Mi chiamo ...
Ich komme aus ...	(Io) vengo da ...
Wie geht's ?	Come va?
Danke, gut	Bene, grazie
wer, was, welcher	chi, (che)cosa, quale
wie viel	quanto
Wo ist?	Dove è?
wann	quando
Wie lange	Per quanto tempo
Sprechen Sie Deutsch?	Lei parla tedesco?
Auf Wiedersehen	arrivederci
heute	oggi
morgen	domani

Zahlen

null	zero
eins	uno
zwei	due
drei	tre
vier	quattro
fünf	cinque
sechs	sei
sieben	sette
acht	otto
neun	nove
zehn	dieci
hundert	cento
tausend	mille
zehntausend	diecimila
hunderttausend	centomila
1 Million	un milione

Wochentage

Montag	lunedì
Dienstag	martedì
Mittwoch	mercoledì
Donnerstag	giovedì
Freitag	venerdì
Samstag	sabato
Sonntag	domenica

Mit und ohne Auto unterwegs

Wie weit ist es nach ....?	Quanto è distante ...?
Wie kommt man nach ...?	Come si arriva a ...?
Wo ist ...	Dov' è ...
– die nächste Werkstatt?	– l'officina più vicina?
– der Bahnhof/ Busbahnhof?	– la stazione/stazione del pullman (autobus)
– die nächste Bus-Station?	– la fermata del pullman (autobus) più vicina?
– der Flughafen?	– l'aeroporto?
– die Touristeninformation?	– l'ufficio turistico?
– die nächste Bank?	– la banca più vicina?
– die nächste Tankstelle?	– il distributore di benzina? (stazione di benzina, benzinaio)
Wo finde ich	Dove trovo
– einen Arzt/	– un medico
– eine Apotheke?	– una farmacía?
Bitte volltanken	Per favore, il pieno di benzina
Super	benzina super
Bleifrei	senza piombo/ benzina verde
Diesel	diesel
Mischung	miscela per motocicli
Reifen	gomma
rechts	destra
links	sinistra
geradeaus	diritto
Ich möchte ein Auto/ein Fahrrad mieten	Vorrei noleggiare un automobile/ una bicicletta

Wir hatten einen Unfall	*Abbiamo avuto un incidente*
Bitte eine Fahrkarte nach ...	*Per favore, un biglietto per ...*
Hin und zurück	*andata e ritorno*

Hotel

Ich suche ein Hotel	*Cerco un albergo*
Ich suche ein Zimmer für ... Personen	*Cerco una camera per ... persone*
Haben Sie noch ein Zimmer frei?	*Lei ha ancora una camera libera?*
– für eine Nacht	*– per una notte*
– für zwei Tage	*– per due giorni*
– für eine Woche	*– per una settimana*
Ich habe ein Zimmer reserviert	*Ho prenotato una camera*
Wie viel kostet das Zimmer?	*Quanto costa (la camera)?*
– mit Frühstück	*– con prima (piccola) colazione*
– mit Halbpension	*– con mezza pensione*
Kann ich das Zimmer sehen?	*Posso vedere la camera?*
Ich nehme das Zimmer	*Sì, la prendo*
Kann ich mit Kreditkarte zahlen?	*Posso pagare con la carta di credito?*
Haben Sie noch Platz für ein Zelt/einen Wohnwagen?	*C'è ancora posto per una tenda/una roulotte?*

Restaurant

Die Speisekarte bitte	*La carta (il menu), per favore*
Die Rechnung bitte	*Il conto, per favore*
Ich hätte gern einen Kaffee	*Vorrei un caffè*
Wo finde ich die Toiletten?	*Dove trovo il bagno?*

(Damen/ Herren)	*(Signore/Signori)*
Kellner	*cameriere*
Frühstück	*prima (piccola) colazione*
Mittagessen	*colazione (pranzo)*
Abendessen	*cena*

Einkaufen

Wo gibt es ...?	*Dove è ...?*
Haben Sie ...?	*Lei ha ...?*
Wieviel kostet ...?	*Quanto costa ...?*
Das ist zu teuer	*Costa troppo*
Geben Sie mir bitte 100 g/ ein Pfund/ ein Kilo	*Per favore, mi dia un etto/ mezzo chilo/ un chilo*
Danke, das ist alles	*Grazie, è tutto*
Das ist nicht, was ich wollte	*Non è quello che volevo*
Zeigen Sie mir bitte	*Mi faccia un po'vedere*
Das gefällt mir!	*Questo mi piace!*
Können Sie mir etwas empfehlen?	*Potrebbe consigliarmi qualcosa?*
zu eng (groß)	*troppo stretto (grande)*
Öffnungszeit	*orario*
Geöffnet/ geschlossen	*aperto/chiuso*
Bäckerei	*fornaio, panetteria, panificio*
Kaufhaus	*grande magazzino*
Markt	*mercato*
Metzgerei	*macelleria*
Haushaltswaren	*negozio di casalinghi*
Lebensmittel	*negozio (generi) di alimentari*
Briefmarke(n) für einen Brief/ Postkarte nach Deutschland/Österreich/in die Schweiz	*francobollo(i) per una lettera/ cartolina per la Germania/ l'Austria/ la Svizzera*

Bondo

Bondone

Val di Bondone

ss237

Dosso
dei Morti
2165

Roncone

Fontanedo

Lardaro

M. Maima
1705

M. Altissimo
2127

M. Gaverdina
2047

1

Dosso Brullo
1778

15

La Roda
2169

Rifugio
al Faggio

Tofino
2153

Argone

Praso

Daone

Strada

2138

Bersone

Pieve
di Bono

M. Cadria
2254

Palò

La Rocca
1473

T r e n t o

Prezzo

M. Nozzolo
1927

M. Vies
1698

Valle dei Concei

ss237

5

2

Cimego

Cima Palone
1635

M. dei Pini
1457

Lenzumo

Concei

Cima Pari
1991

Colma di
Dalguen
1429

Tiarno
di Sotto

Bezzecca

Enguiso

Locca

Cima
180

Tiarno
di Sopra

Pieve
di Ledro

Cima Borei
1585

V a l

Mezzolago

Molina
di Ledro

di

M. Stigolo
1699

Valle d'Ampola

L. d'Ampola

Lago di
Ledro

ss240

S. Cruce

Cima Caset
1748

Legòs

Prê

3

ss240

Col. Pasovri
1670

L e d r o

Cima Tivei
1627

Le

Forte
Ampola

Bragone
del Sole
1554

M.Tremalzo
1975

M. Carone
1591

M. Traversole
1445

L o m b a r d i a

Parco Regionale
dell' Alto Garda
Bresciano

Cima del
Fratone
1794

Cima del Selape
1533

V. di Bondo

1278

Limone

4

Cima Tombea
1946

M. Caplone
1976

Valle di S. Michele

M. Zenone
1425

Tremósine

San
Michele

Campione

Vesio

8

ss45

Pieve

Sompriezzo

6

Magassa

M. Puria
1475

Voltino

Sermerio

Cádria

Cima Gusaur
1422   Cima di Mugh
1343   A   **116**   B   **119**   C

Fávrio

ss 421

L. di
Cavedine

Brento
1545

Cavedine

Brusino

17

ss 45

Vigo

1

S. Giovanni

Drena

M. Misone
1803

M. Biaina
1413

Dro

Bráila

Tovo

Ceniga

M. Ben
706

Palòn
1919

3

L. di
Tenno

5

Ville di Monte

Padaro

Moletta

Pranzo

Canale
di Tenno

Chiarano

Massone

M. Stivo
2045

2

ss 421

Vigne

ARCO

Bolognano

10

Frapporta

Deva

6

Cascata

Varone

S. Giorgio

S. Francesco

Ronzo-
Chienis

M. Biavena
1617

9

ss 45

RIVA

Rocca

M. Brione
374

Nago

Pannone

A22 Rovereto

3

S. Giovanni

4

Castello
Penede

Manzano

Nomesino

acesa

ss 45

Torbole

787

ss 240

Mori

Cima al Bal
1263

ss 249

7

Loppio

Sano

3

Pregasina

Dos Remit
1223

Tierno

uil
2

10

Besagno

M. Varagna
1777

Brentonico

Crosano

Navene

I/ 15

M. Altissimo
di Nago
2078

Fontechel

Sorne

Corne

4

Riserva Nat.
Gardesana
Orientale

Prada

N

Saccone

ss 249

S. Giacomo

Corna Piana
1735

0   3 km

mpagnola

Bocca di Navene
1425

Veneto

Polsa

Lago di Garda (Benaco)

F. Sarca

Val di Lomasone

Bocca
Tratto Spino
1752

© MERIAN-Kartographie
Tel.089.450007.272

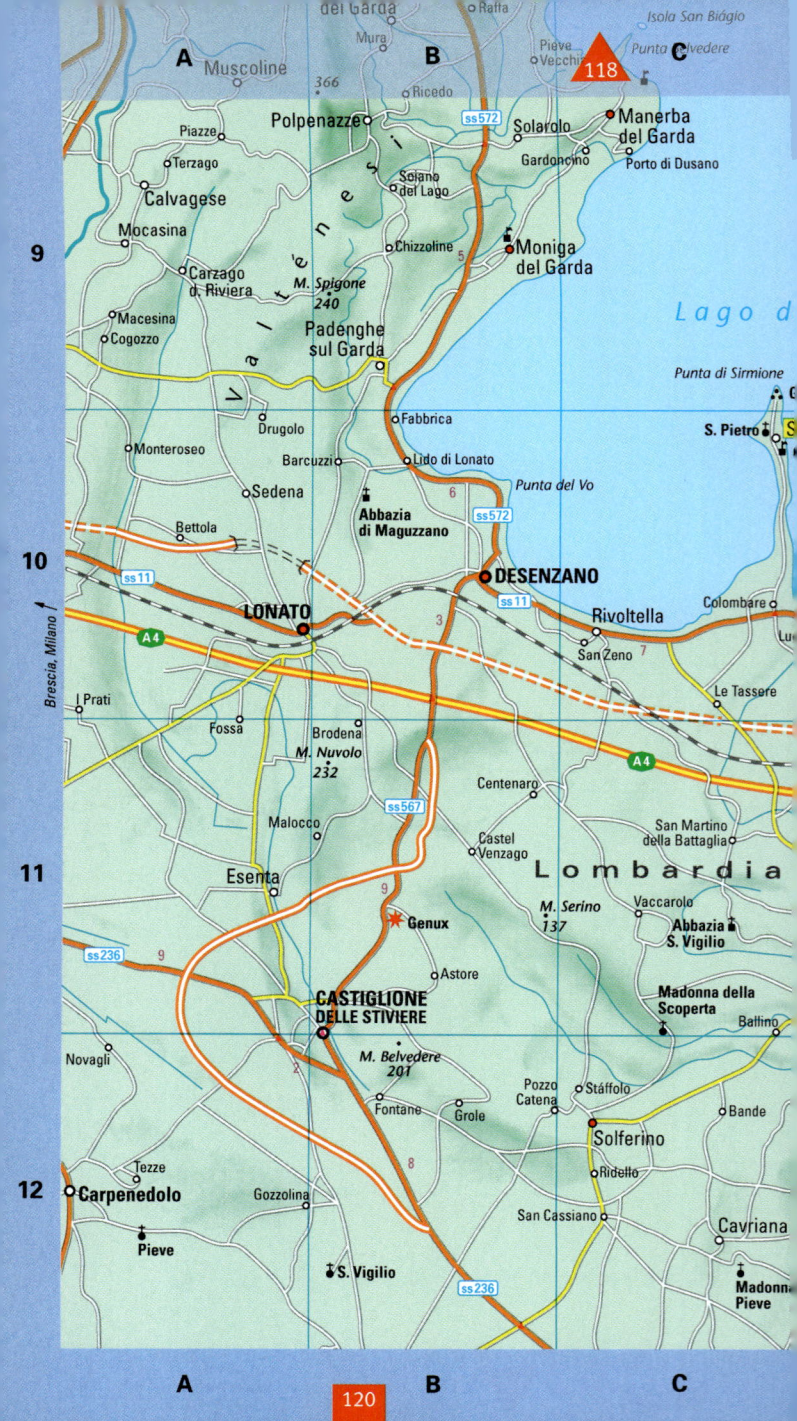

San Vigilio
Eremo di Rocca
Albare
Garda
Rocca di Garda
119
scsi
428

Incaffi
Bardolino
Affi

ss249
Cavaion
Veronese

9
Mantova, Modena, Parma

Cisano

ss450
G a r d a   (B e n a c o)
Madonna di
Pergolana
Calmasino

di Catullo **5**
Lazise
Valesana
Piovezzano

one
llo Scaligero **3**
Pastrego

Il Mondo
Colà
Parco Natura
Viva
10

S. Maria
di Lugana
Pacengo
Sandrà

Gardaland
S. Benedetto
Ronchi

Rovizza
ss11
ss249
ss450

Cavalcaselle
Peschiera
del Garda
ss11
Castelnuovo
del Garda

Lago di
Frassino
San Giorgio
in Salior

A4
11
Verona, Padova, Venezia

Madonna
del Frassino
Ponti
sul Mincio

Pozzolengo
Carpani
Salionze
sul Mincio
Oliosi
Il Montazzo
158

V e n e t o

Monzambano
M. Vento
181
S. Lucia

Custoza
M. Moomor
192

Castellaro
Laguselo
M. Croce
177
Olfino
ss249

Pille
Venturelli
12

F. Tione

Bezzetti
Borghetto
Ponte
Visconteo
**Valeggio
sul Mincio**
N

Ariano
7
0   3 km
Rosegaferro

D
E
121
© MERIAN-Kartographie
Tel. 089.450007.272

Zeichenerklärung

○	Orte
△ ▲	Kap, Gebirge
∞	Landschaft
~	Gewässer, Strand
★	Sehenswürdigkeit
☆	Nationalpark

ORTS- UND SACHREGISTER

Hier finden Sie alphabetisch aufgeführt alle in diesem Band beschriebenen Orte und Ziele, Routen und Touren. Bei einzelnen Sehenswürdigkeiten steht jeweils der dazugehörige Ort in Klammern. Außerdem enthält das Register wichtige Stichworte sowie alle MERIAN-Tipps und Extras dieses Reiseführers. Wird ein Begriff mehrfach aufgeführt, verweist die **fett** gedruckte Zahl auf die Hauptnennung im Band.

MERIAN
Die Lust am Reisen.

Jetzt im Buchhandel: Das MERIAN-Heft Steiermark

Österreich wie aus dem Bilderbuch: Liebliche Hügel, tiefe Bergseen, prächtige Gletscher. Graz: Stadt zwischen Tradition und Moderne. Das Ausseer Land: Ein Wintermärchen. Ein Genuss: Kürbiskernöl.

Über 100 weitere Titel im Buch- und Zeitschriftenhandel

IMPRESSUM

Liebe Leserinnen und Leser,

wir freuen uns, Ihre Meinung zu diesem Reiseführer zu erfahren. Bitte schreiben Sie uns, wenn Sie Berichtigungen und Ergänzungsvorschläge haben oder wenn Ihnen etwas besonders gut gefällt:

Gräfe und Unzer Verlag, Reiseredaktion, Postfach 86 03 66, 81630 München
E-mail: merian-live@graefe-und-unzer.de

Alle Angaben in diesem Reiseführer sind gewissenhaft geprüft. Preise, Öffnungszeiten usw. können sich aber schnell ändern. Für eventuelle Fehler übernimmt der Verlag keine Haftung.

© Gräfe und Unzer Verlag GmbH, München

Auflage	5.	4.	3.	2.	1.
Jahr	2005	04	04	02	01

Redaktion: Christof Klocker
Kartenredaktion:
Reinhard Piontkowski

Bei Interesse an Karten aus MERIAN-Reiseführern schreiben Sie bitte an: iPublish GmbH, geomatics, Berg-am-Laim-Straße 47, 81673 München E-mail: geomatics@ipublish.de

Gestaltung: Ludwig Kaiser
Karten: MERIAN-Kartographie
Produktion: Maike Harmeier
Satz: Design-Typo-Print GmbH
Druck und Bindung:
Stürtz AG, Würzburg
ISBN 3–7742–5772–8

Alle Fotos H. Hartmann
Außer: G. Jung 55 o; Mauritius/Purner 11; D. Messina 35 o; S. Picker 83 o; Silvestris Fotoservice 7 o, 29 u, 98; W. Stuhler 89 u; M. Thomas 21, 77 o, 80; Transglobe Agency 65 o, 65 m

Gedruckt auf Primaset (Stora Enso) von Papier Union.